Invitation au Mercantour

À MURIEL ET JEAN-LUC

À lire également, du même auteur :
- Le Guide Rando dans le Mercantour
- Les sentiers d'Émilie dans le Mercantour

© Rando Éditions
4, rue Maye Lane – 65420 Ibos
www.rando-editions.com
accueil@rando-editions.com

Dépôt légal : novembre 2009
ISBN 978-2-84182-424-3

Impression : Pollina (85, Luçon) - n°L51825
Photogravure : Isokéa (64, Anglet)
Maquette et mise en pages : Marina Gomez – Rando Éditions

Toutes les photographies sont de l'auteur, sauf indications contraires pp. 152 à 155.

Patrick Mérienne

Invitation au Mercantour

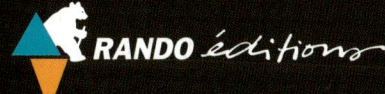

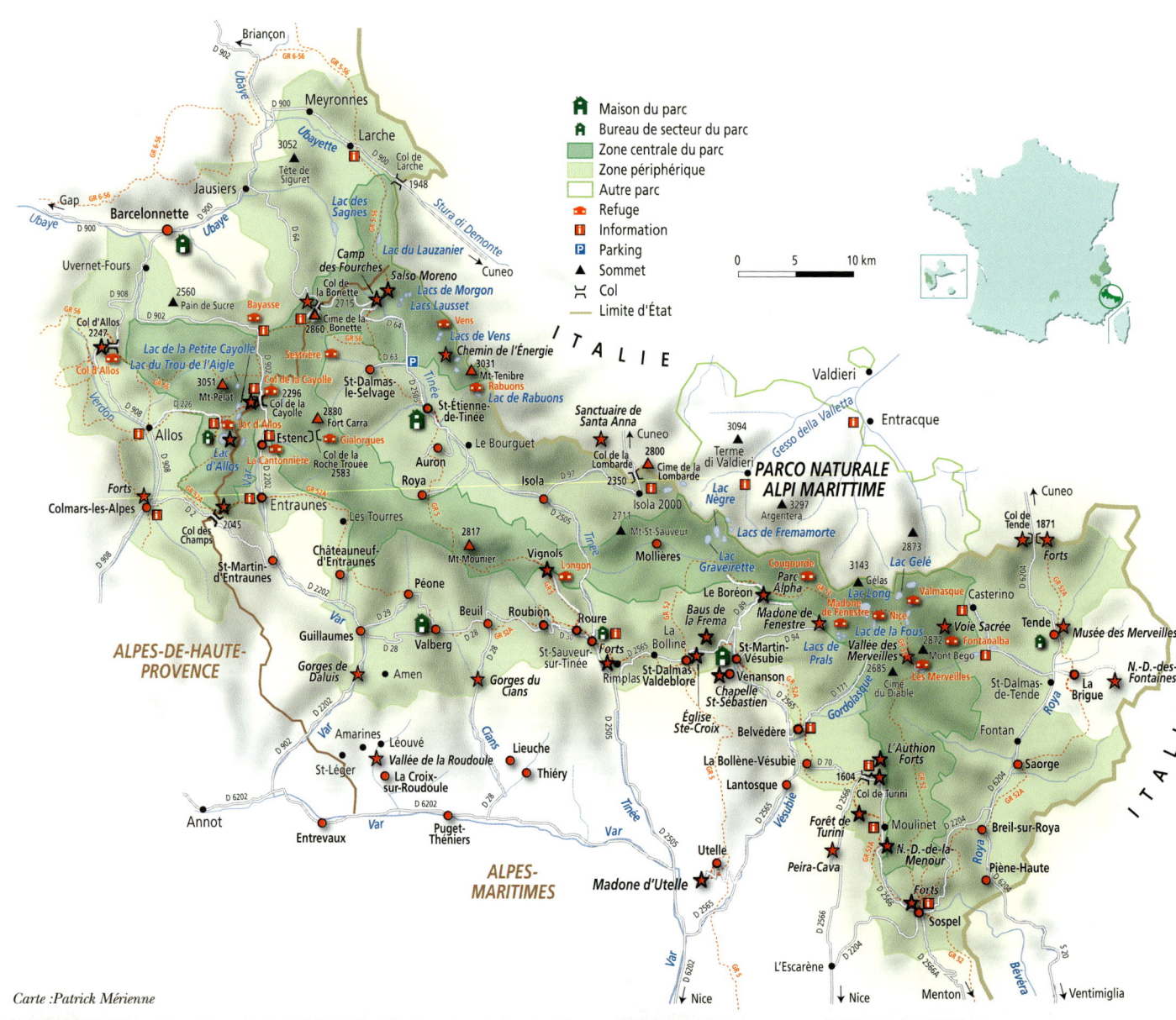

Carte : Patrick Mérienne

table des matières

À la découverte du Mercantour — 6
De la Méditerranée aux névés par les vallées — 9
- La vallée de la Vésubie — 9
- La vallée de la Tinée — 17
- La moyenne vallée du Var et le pays des gorges rouges — 26
- La haute vallée du Var — 29
- La vallée de la Bévéra — 35
- La vallée de la Roya — 38

Le Mercantour, intime et secret — 44
Les gravures de la vallée des Merveilles et autres signes — 47

Villages et hameaux — 54
- L'exode rural — 56
- Le pastoralisme — 56
- Le tourisme — 57

Chapelles, peintures et croix — 60

Défenses, limites, monuments — 74
Les grands sites militaires — 77
- La ligne Maginot — 77
- L'Authion — 77

Merveilles minérales, d'eaux et de lumières — 86
Beautés singulières des Alpes d'Azur — 88

La flore du Mercantour — 134
Une flore exceptionnelle, riche et diversifiée — 137

La faune du Mercantour — 150

Réglementation du Parc national — 158
Réglementations du Parc national — 159
- Réglementation spécifique aux secteurs des Merveilles et de Fontanalba — 159
- Adresses, informations pratiques — 160

À la découverte du Mercantour

De la Méditerranée aux névés par les vallées

Pour découvrir le massif et le Parc national du Mercantour depuis le département des Alpes-Maritimes, plusieurs options s'ouvrent à vous. La plus simple et la plus rapide consiste à remonter le fleuve Var, véritable colonne vertébrale naturelle et incontestablement la voie royale pour pénétrer ces imposantes Alpes d'Azur.

La vallée de la Vésubie

C'est l'étroite vallée de la Vésubie qui nous mène le plus rapidement dans l'intimité du puissant massif du Mercantour, au pied de la cime du Gélas, point culminant du département.

Le sanctuaire de la Madone d'Utelle veille sur la montagne

Relativement courte mais belle et sauvage, la vallée de la Vésubie nous fait traverser de nombreux milieux biogéographiques et paysagers, de l'olivier au mélèze, du sumac au châtaignier et du lentisque au lis martagon. Vallée de communication avec le Piémont et le pays niçois et jadis empruntée par une des principales routes du sel, c'est aujourd'hui une des portes des hautes vallées alpines du Mercantour avec le Boréon, la Madone de Fenestre et la Gordolasque.

On quitte le Var au pont Durandy pour pénétrer dans les magnifiques gorges de la Vésubie pendant 10 km. Après 9 km de route sinueuse, une petite route qui part de Saint-Jean-la-Rivière mène à Utelle, joli et paisible village médiéval. L'église Saint-Véran, bâtie au XIVe siècle, possède un beau porche gothique et une superbe porte aux vantaux sculptés en 1542 qui retracent la vie du saint. À l'intérieur, un retable en bois sculpté du XIIe siècle représente des scènes de la Passion et un Christ gisant, polychrome du XIIIe siècle, se trouve sous l'autel de droite.

Les pèlerins se rendent depuis 850 au sanctuaire de la Madone d'Utelle (Notre-Dame-des-Miracles), 6 km de route acrobatique plus haut. On doit sa fondation à des marins espagnols reconnaissants qui, pris dans une tempête, furent

Mélézin dans le vallon de Salèse

Le village d'Utelle

Table d'orientation près du sanctuaire

Linteau médiéval à Utelle

Les étoiles d'Utelle

sauvés par la Vierge qui les guida depuis cet endroit grâce à une étoile. D'autres miracles se sont produits depuis, comme en témoignent les divers ex-voto exposés dans la chapelle. Une table d'orientation a été installée à 500 m vers l'ouest, d'où promeneurs et pèlerins peuvent découvrir un fantastique panorama sur toute la région.

Un peu avant Saint-Jean-la-Rivière, remarquez la prise d'eau du canal de la Vésubie qui, long de 40 km, alimente en eau Nice et une partie de sa région.

Lantosque surplombe la Vésubie du haut de son éperon rocheux. L'église Saint-Pons, construite au XVIIe siècle, domine le village.

Plus au nord, on aperçoit le beau village de La Bollène-Vésubie, tassé concentriquement sur lui-même au milieu des châtaigniers. Belle vue sur le village depuis la chapelle Saint-Honorat, sur la route du col de Turini.

Le village de Belvédère, qui domine la Vésubie à 830 m au-dessus de Roquebillère, offre une très belle vue sur la vallée. Depuis le village, l'étroite D 171 remonte le vallon de la Gordolasque, une nouvelle porte d'entrée au parc national. Après la cascade du Ray, dans un virage, la route croise un ravissant petit lac de barrage. Un kilomètre plus loin, on doit s'arrêter à un parking au pont du Gountet. Un sentier balisé longe de gros blocs équipés pour l'escalade, passe par la cascade de l'Estrech, puis rejoint le refuge de Nice, avec en face le Gélas et ses 3 143 m. Superbes randonnées en perspective vers le lac de la Fous, le lac Long et les lacs Niré et Autier.

Saint-Martin-Vésubie est la capitale de la « Suisse niçoise ». Au sein d'un magnifique site montagnard, ce joli village médiéval alpin est le point de départ de nombreuses randonnées et d'activités sportives : la station de ski de La Colmiane n'est située qu'à 8 km.

Le vieux centre se découvre en descendant la rue du Docteur-Cagnoli, avec sa célèbre rigole centrale glougloutante et ses belles maisons gothiques (voir la maison des Gubernatis au n° 25). La chapelle de la Sainte-Croix (Pénitents Blancs), avec son curieux clocher à bulbe, possède une façade ornée de bas-reliefs. La chapelle de la Miséricorde (Pénitents Noirs) recèle un chœur richement décoré. L'église Saint-Martin abrite un retable de 1510 attribué à Louis Bréa ; la statue en bois polychrome de Notre-Dame de Fenestre, conservée près du chœur, quitte l'église de juin à septembre pour gagner en procession le sanctuaire de Fenestre. N'hésitez pas à visiter l'intéressant musée des Traditions vésubiennes (moulin, usine électrique, agriculture et élevage).

Au sud-ouest de Saint-Martin, on gagne le village de Venanson par une petite route de 5 km. Depuis ce véritable nid d'aigle perché à 1 165 m, la vue s'étend sur les sommets du Mercantour, sur Saint-Martin et la vallée. La petite chapelle Saint-Sébastien, du XVe siècle, sur la place principale, abrite de superbes fresques fort bien conservées, peintes en 1481 par Jean Baleison.

Depuis Saint-Martin, vers l'est, s'ouvre le vallon sauvage et boisé de mélèzes de la Madone de Fenestre. Situé à 1 903 m, le sanctuaire a été construit au XIe siècle par des moines italiens au cœur d'un magnifique cirque glaciaire au pied du Gélas. La statue (voir Saint-Martin) y est conservée en été. Le site est le point de départ de randonnées fameuses vers les lacs de Prals ou encore le lac de Fenestre, le pas des Ladres et le col de Fenestre.

Plus au nord, il faut impérativement remonter la vallée du Boréon. Au bout de 8 km, on arrive à près de 1 500 m d'altitude à la cascade du Boréon, puis à un beau lac de barrage aux eaux éme-

La Bollène-Vésubie en fin d'hiver

Le village en automne

raude, entouré de quelques chalets. La route s'arrête 2 km plus loin à la limite du parc du Mercantour, près de la vacherie du Boréon (délicieux fromages de montagne).

Un sentier balisé remonte vers le nord-est, passe près de la belle cascade de Peïrastrèche où trônent d'impressionnants mélèzes et rejoint le refuge de la Cougourde au milieu d'un superbe cirque glaciaire. Non loin de là, n'hésitez pas à vous rendre au photogénique lac de Trécolpas, tandis que les plus courageux remonteront vers les magnifiques lacs Bessons ou encore au lointain lac de Baissette.

Au hameau, le parc Alpha, ouvert en juin 2005, propose dans le cadre d'une belle promenade au cœur du vallon du Boréon, d'aller à la découverte du loup dans son milieu naturel grâce aux scénovisions, ateliers et postes d'observation. Les aspects scientifiques et problématiques, comme la cohabitation avec les bergers, y sont traités. Le parc abrite vingt-huit loups au total, répartis en trois meutes. Les vingt-six

Saint-Martin-Vésubie, capitale de la « Suisse niçoise » *L'église de l'Assomption*

loups gris d'Europe sont visibles depuis les postes d'observation des enclos des Erps et du Pélago. La meute du Pélago possède une hiérarchie très structurée dominée par le couple Alpha : Thor, le mâle, et Discrète, la femelle. Les deux louves de la sous-espèce italienne (Diana et Sophia) présente à l'état sauvage dans le parc national du Mercantour, peuvent s'apercevoir depuis l'enclos du Boréon.

Vers le nord-ouest, depuis le hameau du Boréon, une petite route mène par l'une des entrées du parc du Mercantour jusqu'à l'ancien territoire de chasse du roi d'Italie, Victor Emmanuel II. La facile remontée du vallon de Salèse s'effectue dans une belle pinède constituée de mélèzes, de pins cimbro et de rhododendrons ferrugineux. Au col de Salèse, un sentier à droite permet

La statue en bois polychrome de la Madone de Fenestre

Le lac Nègre

La rue du docteur Cagnoli et sa rigole à Saint-Martin

L'isolé et beau hameau de Mollières

Loup sculpté à l'entrée du parc Alpha

de gagner un magnifique cirque sauvage granitique où trône le profond et sombre lac Nègre. Au-delà, on peut rejoindre l'Italie, le lac de Questa et le chapelet des lacs de Frémamorte qui font face à la Cima Argentera, point culminant du Parco Alpi Marittime.

Depuis le col de Salèse, la route qui continue est réservée aux habitants du hameau de Mollières qui a deux particularités, celle d'être enclavé dans le parc national et celle de ne pas être encore électrifié. Mollières qui fut occupé puis incendié par les Allemands en 1944 connut ensuite l'exode rural. Côté faune, c'est un véritable sanctuaire, car l'on peut y voir des chamois, des bouquetins, des mouflons, des lagopèdes et même... des loups (c'est ici qu'ils furent aperçus pour la première fois après leur réintroduction). De nombreuses randonnées permettent également de rejoindre les lacs Scluos et le lac des Adus de part et d'autre de la vallée.

À la découverte du Mercantour

La passerelle des Aiguillettes, « gazeuse » à souhait !

Un fameux passage de la via ferrata

La vallée de la Tinée

Plus à l'ouest, c'est la très longue vallée de la Tinée ponctuée d'espaces où les éléments naturels décident encore aux dépends des hommes, sublime succession encore sauvage de bassins, avec ses villages perdus sur les hauteurs, reliés par d'étroites routes, sinueuses et acrobatiques. La vallée reste aujourd'hui un axe de communication essentiel pour rejoindre les stations de ski « niçoises » d'Auron, La Colmiane et Isola 2000, puis la vallée de l'Ubaye, porte des grandes Alpes septentrionales.

Dès les gorges de la Mescla, après le pont du même nom, la vallée de la Tinée offre de magnifiques paysages, sauvages et grandioses, qui changent à mesure que l'altitude augmente. La végétation méditerranéenne de transition où subsistent l'olivier et le chêne vert cède la place à une végétation de moyenne montagne où dominent chênes pubescents et châtaigniers, pour finir par les forêts de pins sylvestres, puis de mélèzes, et enfin par la pelouse alpine.

Plus au nord, en rive gauche, le vallon de Bramafan permet d'accéder à la station de ski de La Colmiane-Valdeblore, noyée au milieu d'une grande forêt de sapins, et à la vallée de la Vésubie. À noter, pour les amateurs, la superbe via ferrata du Baus de la Frema.

La commune de Valdeblore se compose

Le col de la Colmiane

La station de ski de la Colmiane-Valdeblore

Elle a été créée en 1930 à l'initiative du Ski-Club de Nice. Située à une heure de Nice, elle est équipée de sept remontées mécaniques et totalise 30 km de pistes. D'autres activités sont proposées hors saison de ski, comme l'escalade sur la via ferrata du Baus de la Frema, un parcours ludique et sportif dans les arbres, la « Colmiane Forest » et même un site école de parapente à la cime de la Colmiane.

*La magnifique église
Sainte-Croix-de-Saint-Dalmas*

de quatre hameaux principaux : La Bolline, La Roche, Saint-Dalmas et Mollières, situé très loin au nord, tout près d'Isola 2000.

Le hameau fortifié de Saint-Dalmas possède de nombreux vestiges romains et médiévaux. On pourra noter sur les linteaux des maisons de nombreuses dates gravées (1634, 1659…). Une piste sinueuse permet de s'approcher des magnifiques lacs de Millefonts et du mont Pépoiri.

L'église Sainte-Croix-de-Saint-Dalmas faisait partie d'un prieuré dépendant de l'abbaye de Pedona (Borgo San Dalmazzo en Italie), fondé à la fin du IXe siècle. Ce vaste édifice prieural s'organise autour de trois nefs terminées par trois absides. Des fouilles ont permis de dé-

Le hameau fortifié de Saint-Dalmas

gager une triple crypte souterraine des XIe et XIIe siècles. Un des trésors de l'église se compose d'un fragment de la vraie Croix. À noter un petit musée du Terroir, près de l'église.
L'église Saint-Jacques de La Bolline, datée de 1700, abrite une toile de Jean-Baptiste Van Loo peinte en 1704.

Le village de Rimplas, perché à 1 000 m d'altitude sur un éperon qui domine de près de 600 m la Tinée, occupe un site stratégique, d'où la présence d'un fort enterré, le premier ouvrage construit sur la ligne Maginot en 1928. Un panorama splendide s'offre alors devant nous. En contrebas, on peut visiter l'ouvrage d'infanterie de la Frassinea, annexe du puissant fort supérieur.

Le bourg de Saint-Sauveur-sur-Tinée, niché dans une boucle de la Tinée, se situe à la croisée des routes menant aux principales stations de ski du département. Son église du XVe siècle abrite un retable de 1483 de Guillaume Planeta.
Vers l'ouest, la route qui permet de rejoindre Beuil, Valberg et Guillaumes passe en contrebas de Roure, atteint Roubion, puis s'élève jusqu'à 1 678 m au col de la Couillole.

Le très beau village de Roure, perché à 1 100 m, frappe au premier abord par la couleur rouge de ses toits en lauze. L'église baroque Saint-Laurent renferme un polyptyque de l'Assomption peint par François Bréa en 1560. Près de l'église, un beau point de vue situé sur un rocher permet d'admirer la vallée de la Tinée avec Saint-Sauveur et Rimplas ainsi que les sommets du Mercantour. Un peu plus haut, la petite chapelle Saint-Sébastien (XVIe siècle) conserve de superbes fresques murales peintes par Andréa de Cella en 1510. Dans le village, remarquez la curieuse machine dotée de nombreux engrenages qui a servi à alimenter le village de 1923 à 1961, depuis Saint-Sauveur, grâce à un câble de 1 850 m !

Magnifique village nid d'aigle, Roubion est perché à 1 250 m au milieu des schistes rouges, au pied de falaises dolomitiques blanches. Un chemin de ronde

Les lauzes rouges

La « machine » de Roure

Le village et l'église Saint-Laurent

L'exceptionnel site perché de Roubion

Le très beau hameau de Vignols

Roubion, véritable nid d'aigle

surplombe le village, croise des vestiges de fortifications du XIIe siècle (enceinte, porte et pigeonnier) et offre une vue exceptionnelle. En contrebas, la petite chapelle Saint-Sébastien, bâtie en 1513, est décorée de fresques peintes à la même époque par un artiste anonyme.

Depuis le village, près de l'église, on pourra rejoindre le hameau pastoral de Vignols dominé par le géant local, le mont Mounier (2 817 m), en empruntant une interminable piste, véritable épreuve pour les nerfs, tant les croisements potentiels avec d'autres véhicules sont improbables ! Jadis grenier à blé de Roubion, Vignols, disposant de vastes surfaces cultivables, fournissait blé et seigle pour la fabrication du pain ou l'orge pour le bétail, sans oublier les pâturages pour les troupeaux en estive. L'éloignement du village obligea les paysans à bâtir ces granges fort bien intégrées dans ces magnifiques paysages. Aujourd'hui, Vignols vit au rythme des randonneurs, de quelques résidents secondaires, des activités pastorales et parfois du lâcher de jeunes gypaètes barbus, rapace mythique en voie de réintroduction depuis 1993 dans le parc national.

Revenu dans la vallée de la Tinée, on poursuivra par les gorges de Valabres pour déboucher à Isola 2000 au milieu des châtaigniers et de paysages plus alpins. On ne peut pas manquer le superbe clocher Saint-Pierre qui marque l'entrée de ce village montagnard très coloré. Cette tour romane du XIIe siècle est le seul vestige de l'église détruite au XVIe siècle par l'inondation de la Guerche, affluent de la rive gauche de la Tinée. Remarquez l'école-mairie, la chapelle Sainte-Anne et les jolies fontaines.

Vers le nord-est, la D 97 conduit à la station Isola 2000. Ne manquez pas de randonner vers le lac de Terre Rouge, franchissez la frontière et montez au sommet de la cime de la Lombarde. À l'opposé, passez le col de la Lombarde et rejoignez en Italie le sanctuario di Santa Anna et les superbes lacs du Laufser.

Continuez en direction d'Auron et, en rive droite, ne manquez pas la sauvage vallée de la Roya.

Le mont Mounier et son antécime à gauche

Le mont Mounier

C'est avec ses 2817 m l'un des « géants » du massif, point de repère reconnaissable de loin.
Une interminable arête, très aérienne sur la fin, permet d'accéder au sommet de cette grande pyramide grisâtre, taillée dans les marnes noires et ceinturée de calcaires lithoniques. Sa longue ascension, 4h00 environ pour 1100 m de dénivelé, se déroule sur d'incroyables paysages minéraux lunaires, essentiellement constitués de pierres fendues et délitées par le gel. L'impression de milieux désertiques domine, mais la vie est néanmoins très présente : les pentes et replats, parsemés de nombreuses fleurs (campanule, edelweiss, bérardie laineuse, saxifrage) sont parcourus par les chamois, les bouquetins, les chocards et quelquefois par le loup.
A noter : les vestiges sur l'antécime du Petit Mounier d'un observatoire et d'un puits. Sur le sommet, un panorama extraordinaire vous attend : vous pourrez repérer aisément le massif des Écrins au nord-ouest, le Viso, et loin derrière le massif du Mont-Blanc et les Alpes suisses au nord, les hauts sommets du Mercantour et de l'Argentera à l'est, les Préalpes niçoises et la Corse, par temps clair et frais, au sud-est, les massifs des Maures et de l'Estérel au sud.

L'entrée du Salso Moreno

Auron est la station préférée de beaucoup de Niçois. Dans le village, l'église Sainte-Érige, du XIVe siècle, de style roman, dont les toits sont recouverts de bardeaux de mélèze, possède une tour carrée terminée par une pyramide et ses absides sont décorées de fresques, exécutées par un artiste piémontais en 1451.

Saint-Étienne-de-Tinée est une importante étape sur la route des Hautes-Alpes, de la Méditerranée et du Piémont. Parmi les nombreux édifices religieux qu'elle possède, on peut découvrir l'église Saint-Étienne (XVIIe siècle) qui est dotée d'un clocher roman de style lombard de 1492, la chapelle Saint-Sébastien

(XVe siècle) qui abrite des fresques de Baleison et Canavesio datées de 1485, ou encore la chapelle des Pénitents Noirs. Des randonnées de grande envergure (1 500 m de dénivelé !) mèneront vers le lac de Rabuons et le mont Ténibre. On pourra également rejoindre les lacs de Vens par le surprenant chemin de l'Énergie.

La route continue vers le nord dans des paysages somptueux et très dénudés, atteint les vestiges militaires du camp des Fourches, à 2 270 m, d'où partent de magnifiques randonnées vers l'étonnant cirque du Salso Moreno, le surprenant synclinal perché de Tortisse, les lacs de Morgon et des Laussets. Elle longe ensuite le magnifique vallon de Bousiéyas, passe au col de la Bonette, à 2 715 m, où se dresse le bel oratoire de Notre-Dame-du-Très-Haut, puis continue toujours plus haut jusqu'à 2 802 m, au pied de la cime de la Bonette, marquant, en passant, le record de la route goudronnée la plus haute d'Europe ! Un petit sentier grimpe jusqu'à une table d'orientation perchée à 2 860 m. Fantastique panorama, bien sûr, mais attention au froid, parfois très sensible en été, par temps venteux. Cette route est fermée d'octobre à juin : on comprend facilement pourquoi !

On peut redescendre par le col de Restefond (2 680 m) via la route menant à Jausiers et bifurquer à gauche afin de prendre une bonne piste qui descend dans le vallon de Restefond, passe le col de la Moutière à 2 454 m (blockhaus), plonge dans le vallon de Sagnas, puis de Sestrière. Là, les premiers mélèzes apparaissent, et les paysages

Vignols, hameau de Roubion *Grange dans la vallée de la Roya* *Porte sculptée, église d'Isola*

sont de toute beauté. De belles randonnées permettent de découvrir le vallon et le col de Braisse ou, plus bas, le vallon et le col de Gialorgues au pied des étonnants reliefs en grès d'Annot que sont le Fort Carra et la pointe Côte de l'Âne.

On gagne peu après Saint-Dalmas-le-Selvage, plus haut village des Alpes-Maritimes, à 1 480 m d'altitude, et son église affublée d'un clocher de style roman lombard et dont la façade est décorée d'une peinture montrant saint Dalmas à cheval. Notez les belles maisons typiques, aux toits en bardeaux de mélèze, qui accueillaient le bétail en bas et la famille à l'étage.

Du col de la Bonnette, rejoignez Barcelonnette et la vallée de l'Ubaye via les gorges du Bachelard dominées par le Chapeau de gendarme et Pain de sucre. Depuis Jausiers, découvrez le sauvage lac des Sagnes ou, via Larche, le superbe et très touristique lac du Lauzanier avec ses marmottes dociles et son célèbre panicaut des Alpes.

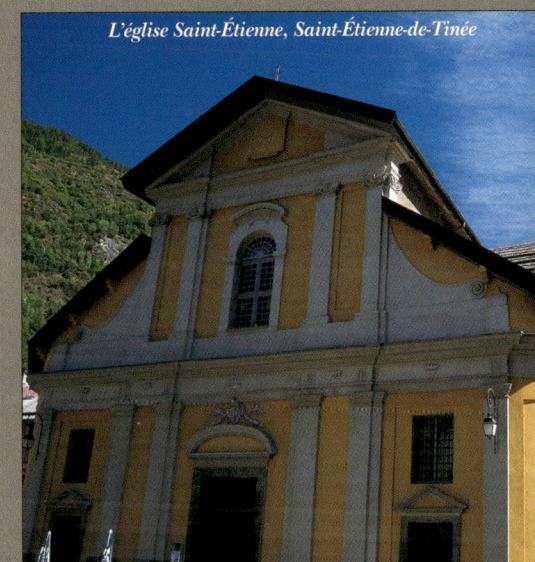

L'église Saint-Étienne, Saint-Étienne-de-Tinée

Auron, l'église Sainte-Érige

Le village d'Isola

Isola, le clocher Saint-Pierre

À la découverte du Mercantour

L'imposante masse pyramidale désertique de la cime de la Bonnette

Notre-Dame-du-Très-Haut

La cime de la Bonette

Cette grande pyramide noirâtre, grande sœur du mont Mounier et silhouette reconnaissable entre toutes, laisse une forte impression de désolation, de stérilité et de fragilité. Elle est dotée d'une altitude respectable, 2860 m, avec néanmoins une différence de taille avec son « petit frère » : seulement vingt minutes d'ascension et 145 m de dénivelé ! En effet, grâce à l'époustouflante route qui remonte la vallée de la Tinée, contourne la cime et rejoint la vallée de l'Ubaye, on peut accéder tout près de ce monument minéral en franchissant le célèbre col de la cime de la Bonette, à 2802 m, présumé col le plus haut d'Europe et plus certainement la route goudronnée la plus haute de France. Là haut, une très belle table d'orientation vous présentera un superbe panorama sur l'ensemble des Alpes françaises, italiennes et suisses.

Le magnifique village de Saint-Dalmas-le-Selvage, le plus septentrional du département

Vertigineuses gorges de Daluis. Au fond, le Mounier
Les « terres rouges », schistes et pélites de l'ère primaire

LA MOYENNE VALLÉE DU VAR ET LE PAYS DES GORGES ROUGES

Après le pont de la Mescla, passez en contrebas du mont Vial, belvédère remarquable sur toute la region et suivez le fleuve. Peu après Touët-sur-Var, remontez la vallée du Cians vers Beuil-les-Launes, berceau de la famille des Grimaldi de Beuil, où l'on découvrira, au milieu des maisons alpines recouvertes de bardeaux de mélèze, la belle église baroque

Saint-Jean-Baptiste et la chapelle colorée des Pénitents Blancs avec sa façade en trompe l'œil. Vers le nord, la D 30 permet de rejoindre la vallée de la Tinée.

☙

La D 28 parcourt les superbes gorges du Cians, taillées dans des schistes et des pélites rouges de l'ère primaire. La route s'enfonce profondément, quitte à passer au plus près de la rivière tumultueuse. Dans les gorges inférieures, la végétation méditerranéenne tentera de réapparaître dans les endroits les mieux exposés et l'on pourra même surprendre en hiver quelques hirondelles sédentarisées ! On appréciera ensuite la Petite Clue, puis la Grande Clue dans les gorges supérieures, où se mêlent le vert sombre de la végétation au rouge lie-de-vin des pélites primaires.

☙

Un peu avant, rassemblez votre courage, car il faudra affronter une minuscule route très sinueuse afin de rejoindre Lieuche et admirer le retable de l'Annonciation, œuvre attribuée à Louis Bréa, réalisée en 1499 et véritable trésor de l'église Notre-Dame-de-la-Nativité (demander la clef à la mairie). Depuis Lieuche, une jolie randonnée vous conduira à Thiéry, attachant village perché, perdu sur les hauteurs.

☙

Longez le Var jusqu'à Puget-Théniers, puis empruntez la D 16 qui mène dans la vallée de la Roudoule. Perché à 850 m sur un promontoire rocheux, le superbe village médiéval de type bas alpin de La Croix-sur-Roudoule garde l'entrée des gorges de la Roudoule. En cheminant dans ses ruelles caladées et ses passages voûtés, vous croiserez l'église Saint-Michel qui possède trois retables du XVIe siècle, un bassin de 1753, la maison seigneuriale, la chapelle Notre-Dame-du-Rosaire qui abrite un retable en stuc de 1608. Notez l'altitude relevée près de l'église : 851,615 m. Le pont suspendu qui surplombe la Roudoule de 90 m fut construit en 1899 par l'ingénieur Ferdinand Arnodin, l'inventeur du câble à torsion alternative. En aval, un pont muletier datant de 1842 précède plus bas un antique pont médiéval du XIVe siècle, construit sur des assises romaines.

Le pont de la Mariée dans les gorges de Daluis, un fameux spot de saut à l'élastique

Paysage automnal dans la basse vallée de la Roudoule

En amont du village, au cœur d'un large amphithéâtre rougeâtre, le hameau de Léouvé possède des vestiges, tel un haut-fourneau, qui témoignent d'une intense activité minière passée. On y traitait le minerai de cuivre extrait des mines des environs du dôme de Barrot. La production était de 2 500 tonnes par an. Devenue déficitaire, l'activité cessa en 1886.

Un érable rougeoyant

Chapelle rurale, hameau d'Amarines

Une boucle permet de découvrir le petit village de Saint-Léger et le charmant hameau d'Amarines.

Après Puget-Théniers et une petite incursion dans le département voisin des Alpes-de-Haute-Provence par la petite ville fortifiée d'Entrevaux, superbe sentinelle et place forte stratégique du XVIIe siècle jusqu'au début du XXe siècle, la vallée du Var s'incurve et remonte vers le nord au pont de Gueydan.

Peu après le village de Daluis, la large vallée à fond plat recouverte de galets se rétrécit. Commencent alors les magnifiques et spectaculaires gorges de Daluis surnommées le « petit Colorado niçois », taillées dans les mêmes roches rouges que celles du Cians. Mais là, la route surplombe les gorges, se fraye un étroit chemin à flanc de montagne et offre, à chaque virage, de superbes paysages. Des formes étranges apparaissent alors comme le célèbre rocher dit de la Tête de Femme. À la sortie des gorges, le pont de la Mariée propose aux courageux des sauts à l'élastique.

Retenue des sources du Var à Estenc

La haute vallée du Var

Ancienne place forte stratégique au carrefour de deux vallées, dont la route des grandes Alpes vers la Cayolle, Guillaumes fut longtemps rattachée au royaume de France avant d'être cédée à la Savoie. Dominant le village, les ruines du château dit de la Reine Jeanne, construit en 1450, se confondent joliment avec les falaises. Sous le lavoir, de nombreuses photos et documents retracent l'histoire très riche du village. À noter une curieuse fontaine près du pont sur le Tuébi, dédiée au village des « bêtes heureuses » !

Prenez la D 29 vers l'est et suivez le Tuébi, surprenante rivière invisible, perdue dans une immense vallée à fond plat, noyée de galets, mais qui, une fois réveillée, peut se montrer redoutable !

Péone vaut vraiment le détour. Situé légèrement en hauteur du vaste lit du Tuébi, le village médiéval est plaqué contre des aiguilles dolomitiques ruiniformes qu'on nomme ici des « pénitents » ou des « demoiselles ». On peut flâner tranquillement dans le lacis de ses ruelles pentues caladées avec leurs passages voûtés (goulet de l'Orfèvre, rue du Midi, rue de l'Église) et admirer ses maisons de type alpin, joyeusement colorées et agrémentées de nombreuses fresques. On peut aussi emprunter la promenade des Demoiselles qui surplombe le village.

Une longue montée par la D 29, à travers la forêt de mélèzes, permet de rejoindre Valberg, station de sports d'hiver, mais aussi station verte située à 1 700 m, réputée dans les Alpes-Maritimes pour son ensoleillement et son environnement de qualité. Son nom vient de la contraction de Valloun de Bergians. Au nord du village, on peut rejoindre le col de l'Espaul d'où un sentier mène au magnifique et désertique mont Mounier qui offre un exceptionnel belvédère.

De retour dans la vallée du Var, prenez à Guillaumes la D 2202 vers le nord. Le val d'Entraunes annonce le début du haut pays, longtemps isolé, avec ses paysages grandioses, souvent pelés

Le magnifique village de Peone et ses « demoiselles »

Entraunes et la Roche Grande à droite

L'ancien moulin à grains dans les gorges de la Saucha Négra

et désolés, gris-noir des marnes, vert puis jaune orangé des mélèzes, fauve et roussi des alpages, blanc des barres rocheuses ou des étendues neigeuses des sommets du Mercantour.

Les petits villages isolés de Sauze et Châteauneuf-d'Entraunes sont accessibles par d'interminables petites routes sinueuses : quatorze épingles à cheveux pour arriver à Sauze ! Ce village possède de belles maisons rurales et un fort sympathique gîte rural municipal qui fait aussi restaurant : idéal pour la tranquillité et la balade. À Châteauneuf, la vue s'étend sur les cimes du Mercantour et l'église baroque renferme un retable de 1550 attribué à François Bréa. Une randonnée vous propose de suivre l'ancien canal, issu d'un étonnant barrage sur la Barlatte, à l'entrée des gorges de la Saucha Négra, qui alimentait le village, irriguait les terres cultivées environnantes et actionnait un moulin à grains

Entre Colmars-les-Alpes et le col des Champs

Colmars, sentinelle des Alpes

qui a fonctionné jusqu'en 1942 – restauré en 1993 par le parc. Bref, une promenade fraîche et instructive !
Si vous voulez avoir quelques frissons, prenez la piste qui mène au joli hameau des Tourres. En voiture, c'est carrément usant pour les nerfs, voire stressant, à pied c'est un peu plus rassurant…

☙

Saint-Martin-d'Entraunes a beaucoup de charme avec ses toits de bardeaux de mélèze. L'église Saint-Martin, de style roman tardif, recèle un magnifique retable de 1555 réalisé par François Bréa. Remarquez le beau portail gothique, orné de signes templiers et le clocher roman séparé de l'église.

☙

On peut rejoindre la vallée du Verdon par le col des Champs. La route conduit à la superbe ville fortifiée de Colmars-les-Alpes et ses fameux forts de France et de Savoie. Remontez la D 908 et, peu avant d'arriver à Allos, suivez la petite route qui mène quasiment au pied du lac d'Allos, un *must* de la région. Revenez puis parcourez le val d'Allos et ses stations de ski renommées jusqu'au col d'Allos, d'où vous pourrez rejoindre la vallée de l'Ubaye et Barcelonnette.

☙

De retour en vallée du Var, visitez

Le lac d'Allos depuis le sommet du Pelat

Sherpa sympa au lac de la Petite Cayole

à Entraunes la remarquable chapelle Saint-Sébastien qui conserve des fresques peintes en 1516 par Andréa de Cella.

Le Var prend sa source dans le vallon d'Estenc, à 1 780 m, au pied du col de la Cayolle. Les paysages alpins y sont de toute beauté et de nombreuses randonnées sont possibles dans ces grandes prairies et ces forêts de mélèzes à voir impérativement en automne.

À partir du col de la Cayolle, le circuit des lacs est un incontournable du Mercantour : lac de la Petite Cayolle, lac des Garrets. Entre Alpes-Maritimes et Alpes-de-Haute-Provence, entre les bassins versants de l'Ubaye, du Verdon et du Var, ces lacs perchés aux superbes couleurs changeantes dans leurs écrins de pelouses fleuries et de crêtes dénudées méritent une visite. La couleur des lacs varie du bleu outremer à la turquoise en passant par le bleu azur. La randon-

Le lac d'Allos

Le lac d'Allos, joyau incontesté du Parc national et des Alpes du Sud, est le plus grand lac naturel de haute montagne d'Europe (à une altitude supérieure à 2200 m). Cerné par ses cinq majestueuses tours de grès d'Annot de plus de 2500 m, il couvre 54 ha pour une profondeur de 35 à 48 m (comptez cinquante minutes pour en faire le tour). Deux îlots émergent du lac, dont l'un était jadis surmonté d'une croix. L'eau s'évacue par des fissures pour ressortir en résurgence et former la Serpentine qui, comme son nom l'indique, ondule paresseusement sur le plateau du Laus, puis le Chadoulin en aval. Ses eaux limpides, aux couleurs changeantes, abritent cinq espèces de poissons. Deux seraient indigènes : l'omble chevalier et la truite fario, trois introduites : le vairon, le blageon et le chevesne. N'hésitez pas à y venir l'hiver (raquettes ou skis de randonnée depuis le parking du hameau de Villard-Haut) : le paysage est sublime et totalement différent de celui que l'on peut admirer les autres saisons. Je me suis retrouvé tout seul un hiver en plein milieu du cirque sur le lac profondément gelé : un autre monde !

Du vert à l'outremer, le lac de la Petite Cayole peut se rejoindre facilement depuis le col de la Cayole en une heure

née est facile et permet de rencontrer des fleurs superbes et variées, bien adaptées aux conditions extrêmes des lieux : renoncule des glaciers, soldanelle alpine, silène acaule, gentiane de Koch, myosotis, linaire des Alpes, etc. Les animaux ne sont pas en reste : chamois, bouquetin, marmotte, lagopède alpin, aigle royal, chocard à bec jaune, crave à bec rouge, accenteur alpin, etc.

Du pas de Lausson, ne manquez pas la superbe vue sur le grand lac d'Allos et repérez le sommet du mont Pelat, 3 050 m, une ascension abordable pour des randonneurs en bonne forme physique.

Retournons à l'est de la région pour noter les deux dernières vallées de pénétration du massif du Mercantour.
L'une, la vallée de la Bévéra qui conduit de Sospel au massif de l'Authion, via le col de Turini, est française.
L'autre est italo-française : elle remonte le fleuve Roya depuis Vintimille, traverse l'extrême sud-est des Alpes-Maritimes, puis retrouve l'Italie via le col de Tende.

La vallée de la Bévéra

Entre l'Escarène, Sospel et Breil-sur-Roya, la route de la vallée de la Bévéra (ancienne route du sel) passe par le col de Brouis à 879 m, où a été élevé un petit monument à la mémoire de René Vietto, ancien vainqueur du Tour de France. Elle parcourt aussi le col de Braus (1 002 m) où l'on peut voir de nombreux ouvrages fortifiés de la ligne Maginot, comme le fort Saint-Roch et le fort du Barbonnet.

Occupant une position stratégique au cœur de la vallée, au croisement de nombreuses voies de communication et à 30 km de la mer, la charmante petite ville de Sospel attire de nombreux touristes, amateurs de calme et de campagne, loin des tumultes de la côte. Elle recèle de nombreux trésors chargés d'histoire. On admirera tout d'abord le superbe Pont-Vieux (XIIIe siècle), emblème du village et trait d'union entre les deux quartiers sospellois, dont la tour de défense servait à recevoir les droits de péage sur la route du sel. Il fut reconstruit après

Sospel, paisible, charmeur et coloré

Le Pont-Vieux, ancien pont à péage sur la route du sel franchit la Bévéra

La chapelle Notre-Dame-de-la-Menour et sa « muraille de Chine »

la Seconde Guerre mondiale. Sur la rive gauche, découvrez le quartier Saint-Nicolas, la rue de la République, ancienne artère commerçante au Moyen Âge, bordée de maisons des XIVe et XVe siècles, et la charmante place Saint-Nicolas dont la fontaine date de 1788.

Sur la rive droite, après avoir remonté la rue Saint-Pierre et repéré les linteaux armoriés, puis flâné dans les vieilles ruelles tortueuses du quartier médiéval, on s'arrêtera sur la belle place Saint-Michel pour admirer le magnifique ensemble architectural scénique de l'époque baroque. La cathédrale Saint-Michel (XVIIe siècle), avec son clocher lombard du XIIIe, abrite, dans la chapelle de gauche, un des chefs-d'œuvre de François Bréa, la *Vierge immaculée*, peint en 1520. Sur la place recouverte de galets blancs et gris, on découvrira à gauche la chapelle des Pénitents Rouges et Gris, à droite l'ancienne mairie très colorée transformée en foyer rural et bibliothèque, et le palais Ricci où logea le pape Pie VII le 10 août 1809. Finissez votre visite par la place du Château, la place de la Cabraïa, et un coup d'œil sur les belles maisons à balcons et leur belle façade peinte en trompe-l'œil du faubourg Saint-Nicolas.

En remontant la Bévéra, après les sauvages gorges du Piaon, on croisera la curieuse chapelle Notre-Dame-de-la-Menour, perchée sur un piton au-dessus du torrent, à laquelle on accède par une « mini-muraille de Chine », puis le sympathique village de Moulinet. Après un nombre impressionnant de virages (c'est une portion mythique du fameux rallye de Monte-Carlo !) on arrive au cœur de la vaste et belle forêt de Turini, où croissent épicéas, hêtres, châtaigniers et mélèzes. On atteint le col de Turini, à 1 674 m, où convergent plusieurs routes qui offrent de nombreuses possibilités de balades et découvertes. L'une d'elles rejoint la vallée de la Vésubie, une autre longe les crêtes entre Bévéra et Vésubie et mène à la petite station d'été et d'hiver de Peïra-Cava. Plusieurs superbes panoramas s'offrent alors, comme celui de la Pierre-Plate et celui de la cime de Peïra-Cava, à 1 581 m (tables d'orientation et vues sur les vallées de la Vésubie et de la Bévéra, les cimes du Mercantour et la côte de l'Italie au massif des Maures).

Une très belle balade consistera à se rendre, quand la route circulaire à sens unique est ouverte, sur le massif de l'Authion, célèbre lieu de bataille en 1793, puis en mars-avril 1945. Après le monument au mort du Tueis qui commémore le massacre de trois mille deux cents jeunes soldats français de la Convention par les Austro-sardes en 1793, la petite route passe acrobatiquement à flanc de montagne à la limite supérieure du mélèze, croise les vestiges des garnisons de chasseurs alpins des Cabanes-Vieilles, Plan-Caval et de l'Authion. Plus loin, un sentier accède à la pointe des Trois-Communes (2 080 m) où subsiste un fort endommagé lors des combats de 1945 et d'où la vue à 380°, notamment sur le Mercantour avec la vallée des Merveilles, vaut vraiment le détour. On découvrira aussi d'autres ouvrages comme les forts ruinés des Mille-Fourches et de la Forca. Un site exceptionnel !

La forêt de Turini, un océan d'épicéas, de pins et de sapins

À la découverte du Mercantour

Façade de l'église Santa-Maria-in-Albis de Breil

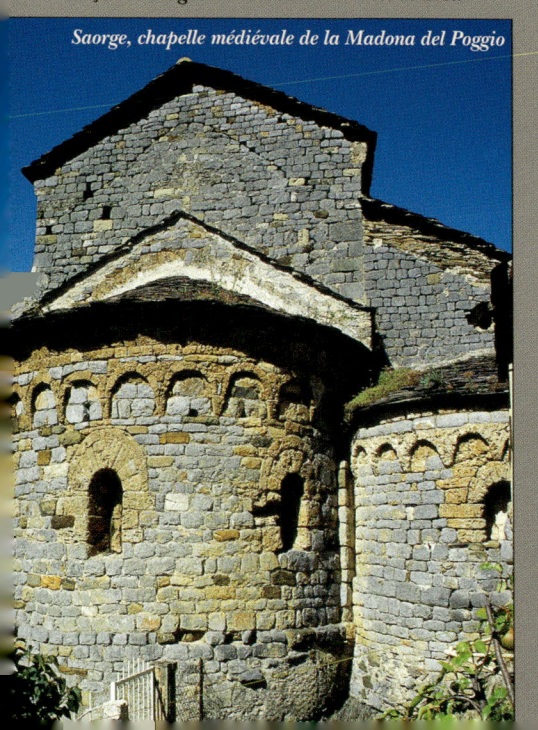

Saorge, chapelle médiévale de la Madona del Poggio

LA VALLÉE DE LA ROYA

La vallée de la Roya est la dernière grande vallée de notre périple à la découverte du Mercantour. Elle est également orientée nord-sud et a l'originalité de finir son cours à Vintimille, en Italie, dont l'influence est omniprésente dans la région. Située sur l'importante route du sel, tour à tour provençale et savoyarde, cette vallée hautement stratégique a finalement choisi son rattachement à la France en 1947. Elle est parcourue par une importante et spectaculaire ligne de chemin de fer « touristique » qui relie Nice et Vintimille à Cunéo (Coni) en Italie.

Breil-sur-Roya est niché en longueur sur la rive gauche. L'activité touristique l'emporte aujourd'hui sur l'industrie oléicole de jadis. L'imposante église baroque Santa-Maria-in-Albis, construite en 1700, abrite un retable primitif (1500) consacré à saint Pierre et un beau buffet d'orgue. Le vieux village est agréable avec ses jolies maisons colorées et ses trompe-l'œil. Le chemin du Général Bonaparte, emprunté le 27 avril 1794 pour rencontrer Masséna afin d'attaquer Saorge, remonte la rive gauche.

Saorge se dresse depuis la route tel un village tibétain ! Ce bourg médiéval fortifié, défendant jadis l'accès au col de Tende, est bâti en amphithéâtre sur de fortes pentes à 500 m d'altitude. Ses hautes maisons couvertes de lauzes violettes aux linteaux sculptés (voyez celui du n° 14 de la Carrera de Medge), son lacis de ruelles pavées de galets, ses nombreux passages voûtés, ses clochers vernissés polychromes qui montent haut vers le ciel, ses fontaines, bref tout concourt à faire de Saorge l'un des plus beaux villages perchés méridionaux ! L'église Saint-Sauveur, du XVe siècle, conserve des fonts baptismaux de la même époque et un tableau de 1636 de Gaspard Toesca, notable saorgien, représentant saint Jean Baptiste. Le monastère des Franciscains (XVIIe siècle) domine le village. Le cloître est décoré de fresques et l'église possède un beau porche surmonté de ballustres et d'un clocher à bulbe recouvert de tuiles polychromes. Belle vue sur les gorges de la Roya

Le « village tibétain » de Saorge

Un vieux linteau tendasque

L'étonnant cimetière à étage de Tende

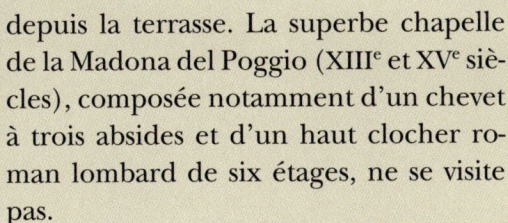

depuis la terrasse. La superbe chapelle de la Madona del Poggio (XIIIe et XVe siècles), composée notamment d'un chevet à trois absides et d'un haut clocher roman lombard de six étages, ne se visite pas.

Remarquez sur la belle route qui remonte les gorges de Saorge, puis celles de Bergue et de Paganin, l'ancienne usine de mise en bouteille de l'eau minérale de Fontan, la plus fluorée d'Europe, et les apparitions en pointillés de l'incroyable et acrobatique ligne de chemin de fer Nice/Cuneo.

Saint-Dalmas-de-Tende est au carrefour de la principale voie d'accès pour la vallée des Merveilles et le cœur du parc du Mercantour. C'est aussi un ancien

Tende, un site exceptionnel

> *La ville de Tende*
>
> Tende, bâtie en amphithéâtre, superposant de façon vertigineuses ses terrasses cultivées, ses ruelles et ses grandes maisons étagées, surprend à la fois par son unité architecturale très homogène et l'inextricable dédale de ruelles, escaliers et passages couverts.
> Les maisons médiévales, avec leurs toits de lauzes et leurs linteaux sculptés, ont souvent rajouté des étages Renaissance, gothiques ou baroques qui mêlent les influences méditerranéennes et alpines, françaises et italiennes. Avec ses belles églises et chapelles, l'ensemble est très coloré. Tout en haut du bourg jadis fortifié, on rejoint un surprenant pan de mur en équilibre et une tour transformée en horloge, vestiges du château des Lascaris détruit en 1692 sur ordre de Louis XIV, et un curieux cimetière à étages qui offre une vue magnifique sur la cité.

La Brigue : la chapelle de l'Assomption

La Brigue : la collégiale Saint-Martin

poste frontière avec l'Italie (entre 1929 et 1939). La gigantesque gare, vouée à un trafic international, fut alors construite sur les ordres de Mussolini afin d'affirmer la puissance de l'Italie dans la région ! Tende, La Brigue et la haute vallée de la Roya, territoire de chasse du roi Victor-Emmanuel, ne furent rendus à France qu'en 1947.

Tende, qui contrôlait jadis l'accès au Piémont, possède une belle unité alpine avec ses hautes maisons remparts, ses toits couverts de lauzes violettes qui débordent contre les chutes de neige. Tour à tour provençale, savoyarde puis sarde, et malgré un référendum massif pour le rattachement à la France en 1860, la ville ne deviendra française qu'en 1947. Son vieux centre médiéval – certaines maisons restent encore noircies par un terrible incendie en 1446 –, agréable à parcourir avec ses ruelles pittoresques et ses belles maisons ornées de linteaux gravés (rue de France en particulier, comme au n° 131 où l'on peut voir, au-dessus de la porte de l'ancien tribunal, une croix de Savoie à côté de l'aigle bicéphale des Lascaris et le signe IHS, en lettres gothiques), est dominé par le curieux pan de mur de 20 m de haut, seul vestige du château des Lascaris démantelé en 1692. Au milieu d'un curieux cimetière à étage, d'où l'on profite d'une belle vue sur la ville et les montagnes environnantes, se dresse également une tour ronde transformée en horloge au XIXe siècle.

La superbe collégiale Notre-Dame-de-l'Assomption, dont la façade très colorée est habillée d'un magnifique portail de schiste vert achevé en 1562, offre une synthèse des styles roman, lombard

L'incroyable ancienne route du col de Tende

Plus au sud, la vallée de la Levense conduit à La Brigue. Ce ravissant village montagnard aux maisons de schiste vert de Tende mérite une longue visite pour la richesse de ses édifices religieux. Près des deux belles chapelles de l'Assomption et de l'Annonciation, de style Renaissance pour l'une et baroque pour l'autre, la collégiale Saint-Martin possède un clocher lombard du XVe siècle, tandis que l'intérieur est richement décoré. Parmi ces nombreux trésors, on notera un ensemble de peintures des primitifs niçois, comme un retable de sainte Marthe de 1530, un panneau de la Nativité de 1510 attribué à Louis Bréa et le triptyque de Notre-Dame-des-Neiges de Sébastiano Fuseri (1507).

Le centre médiéval, avec ses ruelles étroites et pavées et ses maisons à arcades, possède de très nombreux linteaux historiés, ornés généralement de symboles religieux et philosophiques comme dans la rue des Frères-Lamberti, la rue Rusca ou la rue du Ghetto. Les ruines du château des Lascaris de Tende sont du XIVe siècle.

et baroque. L'intérieur est éblouissant par la richesse de ses ornements. Le musée des Merveilles fait découvrir l'exceptionnel patrimoine archéologique de la vallée des Merveilles, un des plus importants sites de gravures rupestres du monde. Une fois passée l'entrée et sa belle façade moderne, on pénètre dans plusieurs salles qui retracent différents thèmes comme la géologie, l'archéologie et la vie quotidienne à l'époque de l'âge du bronze ancien et enfin les arts et traditions populaires de la vallée de la Roya. Outre les très nombreux et beaux moulages des principales gravures, on pourra admirer l'original de la stèle dite du Chef de tribu, déplacé par hélicoptère pour cause de vandalisme.

À 4 km vers l'est, 2,3 km après un curieux et beau pont roman qui oblique à angle droit, on arrive à la chapelle Notre-Dame-des-Fontaines (XIIe et XIVe siècles), nichée dans un vallon verdoyant au pied du mont Saccarel et construite par les Brigasques en remerciement pour la présence de sources aux vertus curatives. Dans ce lieu de pélerinage, deux peintres piémontais, Jean Canavesio et Jean Baleison, ont réalisé de remarquables fresques, peintes entre 1490 et 1492.

En remontant plus en amont la D 6204, on arrive au col de Tende qui marquait autrefois la frontière. Après 1947, la frontière passera en contrebas des crêtes italiennes, la route stratégique et les forts italiens revenant à la France. Le passage du col fut de tous temps un enjeu hautement stratégique et économique comme l'atteste l'antique route du sel. Après les sentiers muletiers, la piste fut améliorée grâce à Victor-Amédée III de Sardaigne et l'antique « route » qui franchit le col côté français fut achevée en 1782. Cet ouvrage hallucinant déroule depuis le bas de la vallée pas moins de soixante lacets dont quarante-six entre le tunnel et le sommet, pour un dénivelé de 800 m et une pente moyenne de 11 %. La piste est aujourd'hui empruntée par les vététistes et les 4x4. À mi-montée, un corps de garde fut construit pour porter assistance aux voyageurs, surtout l'hiver.

La vallée est également empruntée par une importante et spectaculaire ligne de chemin de fer qui dessert Vintimille, Nice, Tende et Cuneo. Le tunnel sous le col de Tende, long de 8 km, fut achevé en 1898. L'ensemble de la ligne, à voie unique, longue de 122 km, fut inauguré en 1928. Détruite en partie du fait de la Seconde Guerre mondiale, elle n'a été remise en état qu'en 1979. Elle parcourt, au long d'un impressionnant dénivelé de 1 000 m, la vallée de la Roya avec les gorges de Saorges, de Bergue et de Paganin. Elle emprunte pas moins de cent sept tunnels pour les deux branches, dont quatre tunnels en fer à cheval et trois tunnels hélicoïdaux afin de gagner de l'altitude. L'antique route acrobatique existe toujours et le tunnel routier, inauguré en 1882, permet un franchissement aisé d'un pays à l'autre toute l'année.

Le ravissant village de la Brigue

Le Mercantour, intime et secret

PRESENTATION DES GRAVURES RUPESTRES DE LA VALLEE DES MERVEILLES

Les gravures de la vallée des Merveilles et autres signes

Depuis Saint-Dalmas-de-Tende, une route permet d'accéder non loin du secteur de la célèbre vallée des Merveilles, au cœur d'un massif de hautes montagnes où culminent la cime du Gélas (3 143 m) au nord, le mont Bégo (2 872 m) et la cime du Diable (2 685 m) au sud. Ce magnifique site sauvage, classé monument historique, est un véritable musée-sanctuaire à ciel ouvert, connu pour ses gravures rupestres (ou pétroglyphes). Elles se répartissent principalement dans deux vallées distinctes qui sont la vallée de Fontanalba et la vallée des Merveilles proprement dite, de part et d'autre du mont Bégo.

Ces gravures, plus de quarante mille, sont datées de l'âge du bronze ancien (ou période protohistorique), soit entre 2900 et 1700 av. J.-C. Elles ont été étudiées de façon approfondie à partir de 1897 par l'Anglais Clarence Bicknel, l'Italien Carlo Ponti, puis par le Français Henry de Lumley.

Elles procèdent des premières tentatives par l'homme de communiquer et symboliser des idées par des signes pertinents (écriture idéographique). Ces pictogrammes sont soit de caractère réaliste ou profane, soit stylisés et relèvent du domaine du sacré. Dans ces lieux sauvages, bouleversés, chaotiques, aux reliefs saillants, où l'orage et le ciel accentuent ce caractère violent et tragique, le mont Bégo fait figure de montagne sacrée et vénérée.

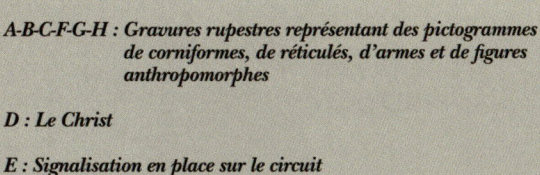

Les gravures apparaissent presque exclusivement sur des dalles de schiste de couleur rouge orangée ou verte, patinées par l'érosion ou lissées par les glaciers. La technique est celle du piquetage obtenu à l'aide d'outils de silex ou de quartz. Les principaux pictogrammes représentés sont les « corniformes », c'est-à-dire des animaux à cornes – les bovidés

A-B-C-F-G-H : Gravures rupestres représentant des pictogrammes de corniformes, de réticulés, d'armes et de figures anthropomorphes

D : Le Christ

E : Signalisation en place sur le circuit

la paroi vitrifiée abrite de nombreux graffitis

Ci-dessous et à gauche: inscriptions sur les bergeries ou le long des routes stratégiques

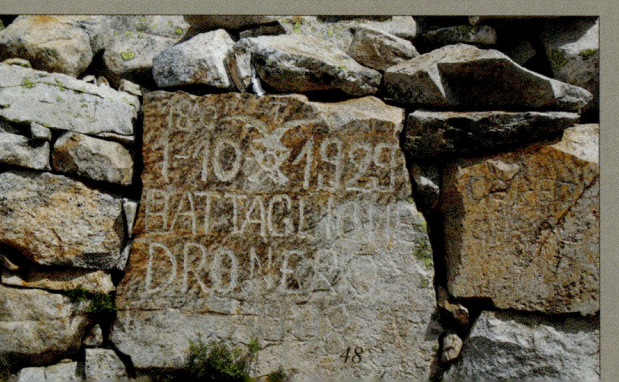

Graffitis - détails

Les gravures « modernes »

Côtoyant ou recouvrant malheureusement parfois les gravures protohistoriques de l'âge du bronze de la vallée des Merveilles, d'autres gravures plus modernes ou contemporaines apparaissent. Elles datent des époques médiévales et modernes. Ainsi la paroi vitrifiée regorge de ces inscriptions gravées ces derniers siècles par des bergers, des militaires, des lettrés ou de simples randonneurs. Elles représentent des motifs géométriques, des voiliers, des signatures, des dates ou des noms latins, italiens, etc.

À 2862 m, sur la cime de la Bonette

Signalétique franco-italienne du Parc national

Le col du Vasson, près de Valberg

Village de Thiéry

et notamment le dieu taureau. D'autres thèmes font apparaître des dessins liés aux activités pastorales et agricoles avec des attelages, araires et des charrues. Les « réticulées », où les figures géométriques dominent, représentent des enclos ou des parcelles. Les outils et les armes abondent : poignards, haches, sagaies. Enfin, plus rarement, on relève quelques figures anthropomorphes comme le Chef de tribu, le Sorcier, le Christ…

Enfin, d'autres gravures plus récentes, de l'époque romaine à nos jours, côtoient ou recouvrent parfois les plus anciennes.

Comme dans un grand livre de pierre, on peut y lire une ou des histoires en y décelant des navires, des arbalètes, des insignes religieux ou militaires, des animaux…

Des bergers et des pèlerins ont aussi souvent daté leur passage sur les lieux.

Barcelonnette

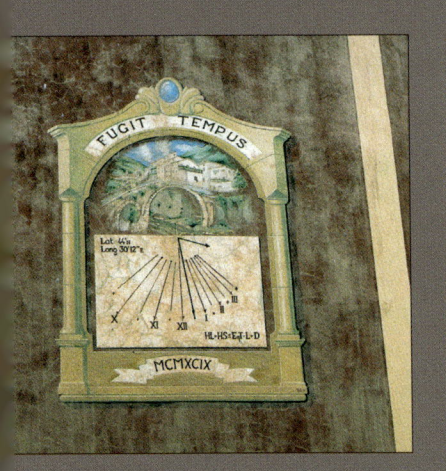

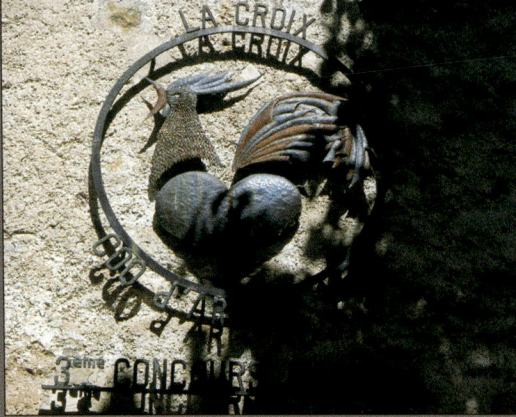

La Croix-sur-Roudoule

Belvédère

50

Dans Saint-Martin-Vésubie

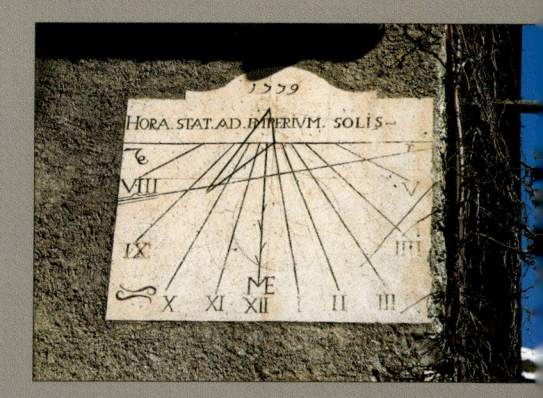

CHRISTINE VALLIN

ECOLE
ESCOLO

Isola

Saint-Dalmas-le-Selvage

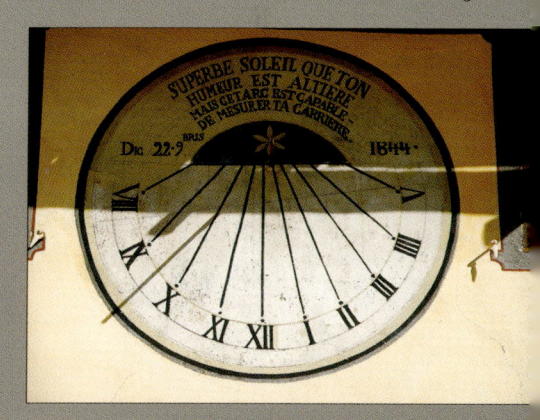

51

Le Mercantour, intime et secret

Mont Pelat

Col de la Pointe Côte de l'Âne

Lac de Terre Rouge

Dans le Boréon

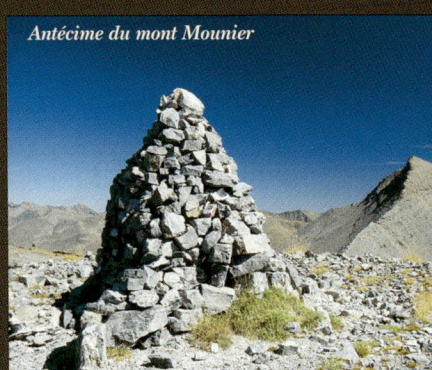

Antécime du mont Mounier

Limite de forêt domaniale

Un chat métallique vers la cime du Bec Roux

Les limites du Parc national

Repères et frontière au col de Fer

Doudou minéral mâle

LE BALISAGE DANS LE PARC
Il existe près de 600 km de sentiers balisés (GR et autres) qui sillonnent le Parc national et qui sont régulièrement balisés et entretenus. 17 sentiers et circuits de découvertes et d'interprétation ont été aménagés par le Parc et ses partenaires, ONF et communes, pour présenter les particularités naturelles et culturelles. Des aires de stationnement paysager ont été également prévues, équipées d'un mobilier d'information et d'orientation spécifique. Une signalétique spéciale est utilisée dans le strict périmètre du Parc, bilingue dans les zones frontalières.
D'autre part, partout vous verrez toujours de nombreux petits monticules de pierres (parfois gigantesques) ça et là tout au long de vos randonnées. Ce sont les cairns, alliés du marcheur égaré ou distrait, et précieux auxiliaire lorsque la visibilité n'est pas bonne. Ces balises naturelles sont souvent fort bien élaborées, avec adresse, goût et humour. N'hésitez pas à votre tour de poser votre petit caillou sur ces édifices familiers et utiles.

Villages et hameaux

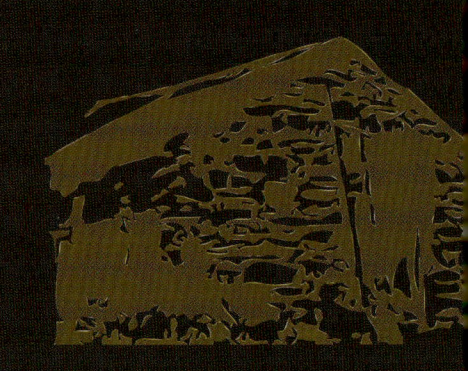

Le superbe hameau de Vignols, sur la commune de Roubion, à la lisère du Parc national

Maison rurale à Châteauneuf-d'Entraunes

Porte rustique

L'EXODE RURAL

Au XXe siècle, malgré le désenclavement des zones montagneuses, grâce au développement des axes de communication, l'activité agro-sylvo-pastorale traditionnelle s'est trouvée en concurrence avec les exploitations des plaines, plus rentables. Les populations montagnardes ont migré vers les grandes villes de la côte, rendues très attractives grâce aux emplois induits par l'essor du tourisme. Les femmes restées dans le haut pays pendant les grandes guerres n'ont pu se maintenir dans les exploitations. L'exode s'est accéléré entre 1936 et 1946, vidant de près de la moitié de leurs habitants les zones de montagne. L'accroissement de la richesse nationale, le développement des sports d'hiver, des loisirs et du tourisme vert ont favorisé une inversion du phénomène, permettant un retour et un repeuplement de certains espaces montagnards, notamment proches des stations de ski ou d'une ville.

LE PASTORALISME

La partie ouest du massif est fréquentée par les ovins et la partie est par les vaches laitières piémontaises. Les migrations se font de fin juin à fin septembre. L'espace rural du massif, encore dominé par le pastoralisme, a subi une importante désertification. Sans une politique de maintien ou d'installation de jeunes agriculteurs, l'entretien des territoires d'altitude et leur conservation sont menacés. L'heure est à la diversification de la production (produits à forte valeur ajoutée : plantes aromatiques, viandes de qualité, produits laitiers, etc.) ajoutée à une politique touristique axée sur le patrimoine. L'effort porte sur l'amélioration de la qualité des alpages, de la condition de vie des bergers, la réfection des cabanes et granges.

Le tourisme

Après un siècle d'exode rural, l'essor du tourisme, avec pour corollaire le très fort accroissement du nombre de résidences secondaires, a favorisé le repeuplement de certaines zones liées notamment aux sports d'hiver. Les communes les mieux équipées sortent leur épingle du jeu avec des structures d'accueil comme les gîtes ruraux, camping à la ferme, chambres d'hôtes, etc. La politique d'intercommunalité aide quant à elle au développement des zones périphériques. La présence du parc national, synonyme de qualité et d'authenticité, est également un facteur très attractif pour l'ensemble du massif.

Bergerie à Roubion

Grange à Roya

La carline, un baromètre naturel ancestral

Le bel hameau de Mollières

Villages et hameaux

Réserve de bois

L'HABITAT RURAL

Il résulte d'un mélange d'influences provençales, alpines et ligures. Les villages sont groupés et souvent perchés sur un site ensoleillé, à l'abri des avalanches et des chutes de pierres, près d'un point d'eau, entouré de terres cultivables stables, non loin des pâturages et des alpages. Les maisons forment des cercles concentriques ou des niveaux linéaires. On distingue l'habitat permanent où les hommes et les bêtes s'abritent durant les durs mois d'hiver. Sur les zones de pâturages et alpages saisonniers, les montagnards ont construit des habitats temporaires rudimentaires abritant les bêtes, le foin et les hommes.

Le type de construction est hétérogène et dépend des matériaux, des traditions et des climats. Les matériaux sont extraits sur place, transportés par les mules. Les façades sont souvent très colorées et les ouvertures peu nombreuses faites de planches de mélèze. Les murs sont soit montés à sec, soit liés de mortier de chaux ou de plâtre. Les charpentes utilisent les troncs bruts de mélèze, les toits sont couverts de bardeaux de mélèze, de tôle ou de lauzes dans les petites habitations temporaires.

Maisons hautes à Péone

Au cœur de Saint-Martin-Vésubie

Maison rurale restaurée à Vignols

Maisons à Venanson

Chapelles, peintures et croix

La superbe collégiale Notre-Dame-de-l'Assomption. Sa façade très colorée possède un portail de style Renaissance en pierre verte de Tende

Sanctuaire de la Madone d'Utelle

La petite chapelle d'Amen

L'oratoire Notre-Dame-des-Colmianes

La chapelle d'Amarines, hameau de la Croix-sur-Roudoule

Breil-sur-Roya : chapelle Saint-Antoine-Ermite

Cet étonnant et remarquable patrimoine religieux s'est constitué entre le XIVe et le XVIe siècles. Il est l'œuvre de peintres restés bien souvent anonymes, d'artistes itinérants dont la plupart venaient de l'Italie voisine. On connaît pourtant les œuvres de Jean Canavesio, peintre piémontais qui écuma le comté de Nice dès 1480, ou celles de son élève, Jean Baleison (1463-1500), au style très raffiné. Ils ont laissé de magnifiques fresques dans les chapelles de Venanson, La Brigue (Notre-Dame-des-Fontaines), Peillon, etc.

Une mention spéciale peut-être attribuée aux Bréa (Louis, Antoine et François) et leur atelier, qui laissèrent bon nombre de splendides retables, gothiques et fastueux, dans les églises et chapelles du comté de Nice : Lucéram, Villard-sur-Var, Briançonnet, Lieuches, Breil-sur-Roya, Sospel, etc. Avec d'autres artistes, comme Jacques Durandi, Vicenzo Foppa, Jean-Gaspard Baudouin, ils formèrent ce qu'on appelle l'école des primitifs niçois et furent de véritables précurseurs de la Renaissance.

Louis (ou Ludovic) Bréa (1450-1523) fut le plus célèbre et le plus brillant d'entre eux. Il réalisa un très grand nombre d'œuvres dont les pures merveilles que sont le retable de l'Annonciation (1499) de Lieuches ou l'Adoration de l'Enfant à la Brigue.

Les retables, composés de panneaux, sont constitués de deux registres dont l'ensemble repose sur un soubassement appelé prédelle, richement orné d'un décor sculpté et doré : le registre inférieur où sont peints des saints en entier de chaque côté d'un panneau central à qui est dédié le retable ; le registre supérieur représente sur des panneaux plus petits des saints personnages peints à mi-corps.

Deux techniques étaient en usage : la fresque, exécutée sur une couche de mortier frais, et la peinture à la détrempe, où les couleurs délayées dans l'eau, de la colle ou de l'œuf, étaient appliquées sur un enduit sec.

L'iconographie présente surtout un caractère pédagogique. Ce catéchisme illustré était destiné à éduquer les foules illettrées. On représentait des scènes de l'Ancien et du Nouveau Testament ou de la vie des saints protecteurs qui permettaient aux gens des régions montagneuses isolées de supporter leurs difficiles conditions d'existence.

Oratoire rocheux à Isola

Ex-voto au col de la Fenestre

Statuette à Péone

Oratoire au sommet du mont Tenibre, 3031 m

Oratoire en aval de Breil, près de la Roya

Oratoire dans la vallée de Fontanalbe

NOTRE-DAME-DES-FONTAINES

La chapelle de Notre-Dame-des-Fontaines, nichée au cœur d'un vallon verdoyant près de sources aux vertus curatives, fut construite aux XIIe et XIVe siècles. Appelée également « la Sixtine des Alpes-Matitimes », elle abrite de remarquables fresques peintes entre 1490 et 1492 par deux peintres piémontais, Jean Canavesio et Jean Baleison. Ce dernier n'exécuta que les peintures de la voûte du chœur et de l'arc-doubleau.

Porche de Notre-Dame-des-Fontaines

Saint-Dalmas-le-Selvage : fresque sur la façade de l'église Saint-Dalmas

Chapelle Saint-Sébastien

Chapelle St-Honorat, la Bollène-Vésubie

Utelle, chapelle Saint-Antoine

La chapelle Saint-Sébastien de Venanson (dite Sainte-Claire)

Les fresques de Jean Baleison (p. 66 à 69)

La décoration de la chapelle Saint-Sébastien de Venanson, édifiée à l'entrée du village pour en assurer la protection contre la peste, est l'œuvre de Jean Baleison. Les fresques furent exécutées en 1481 sur une couche de mortier à base de chaux, bien sec, constituant le support blanc de l'artiste, puis peintes « à la détrempe », les couleurs délayées dans l'eau, de la colle ou de l'œuf, étaient appliquées sur l'enduit. Peintes sur la totalité des murs de la chapelle, elles racontent la vie et la mort du jeune martyr romain Sébastien. Une œuvre exceptionnelle, empreinte de raffinement et de douceur.

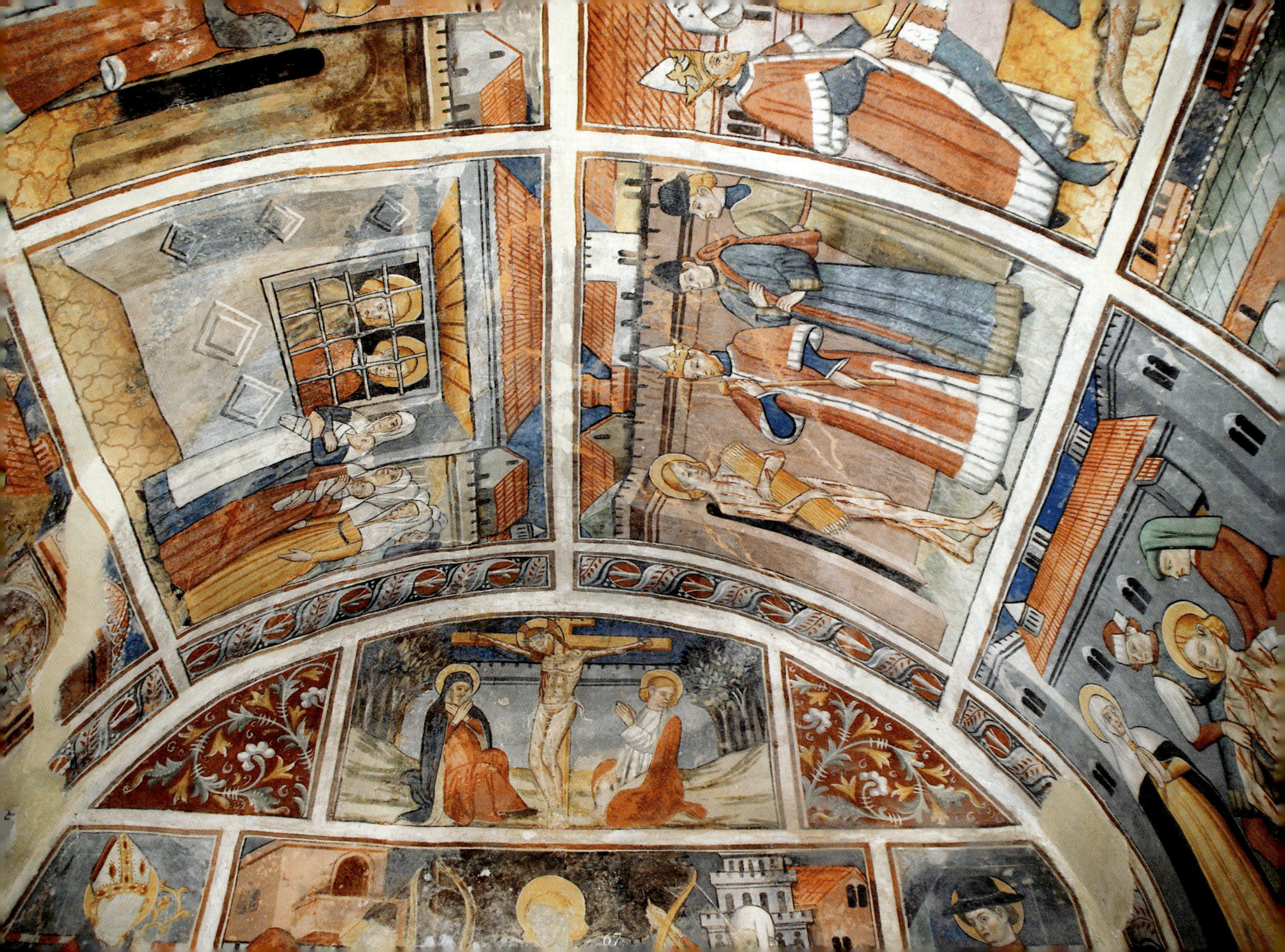

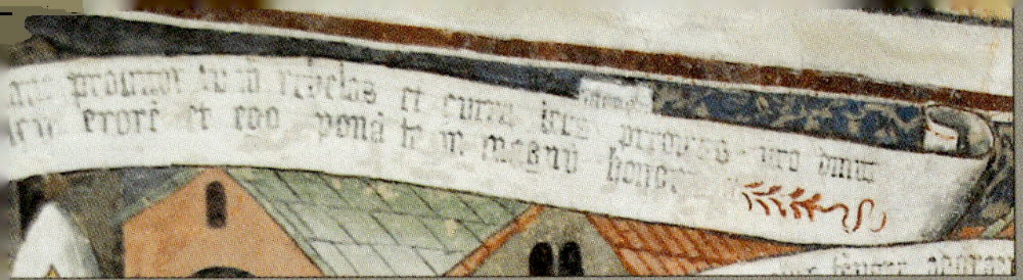

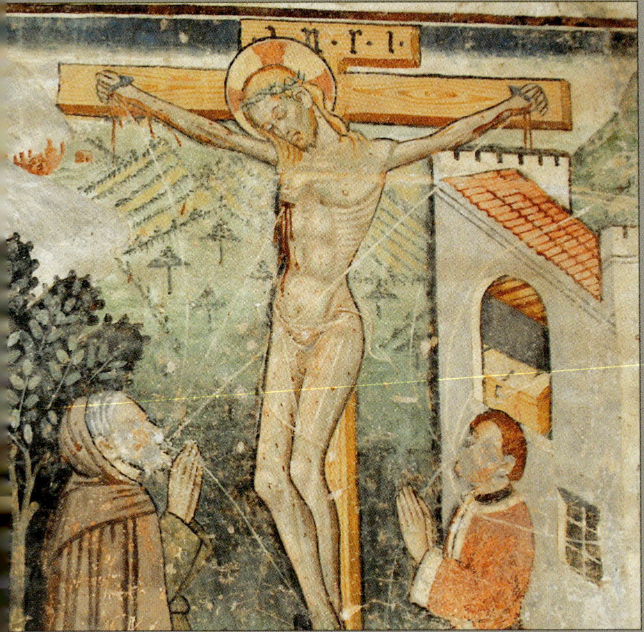

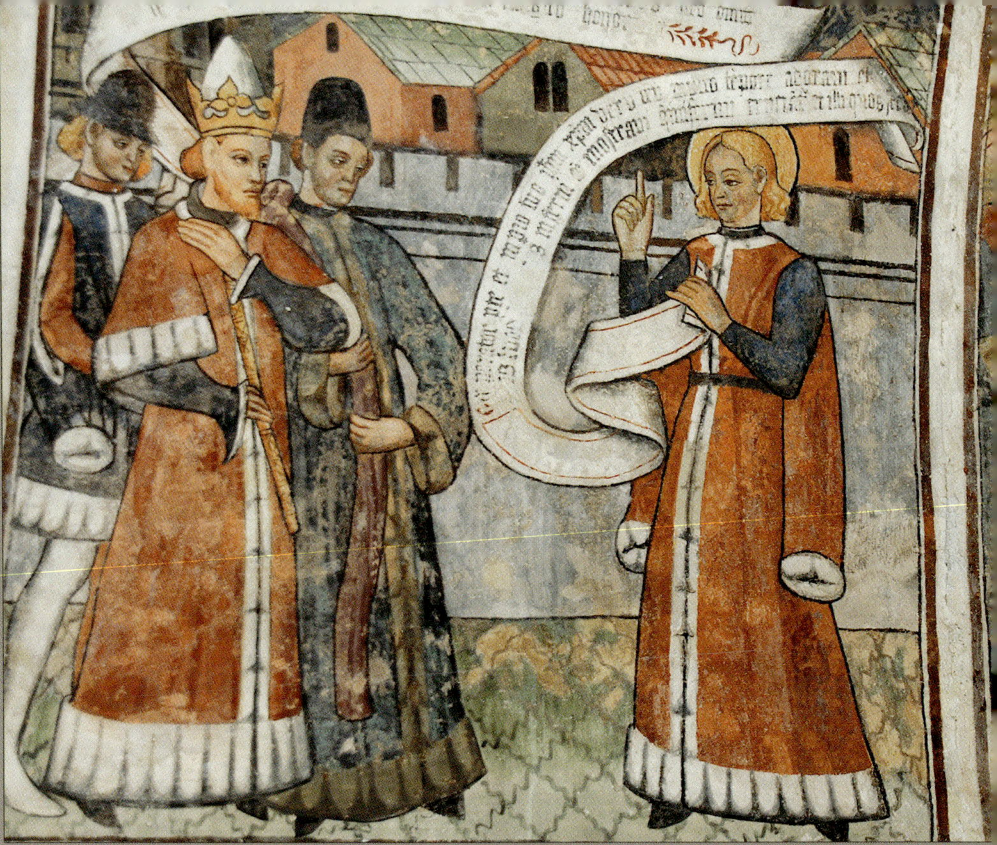

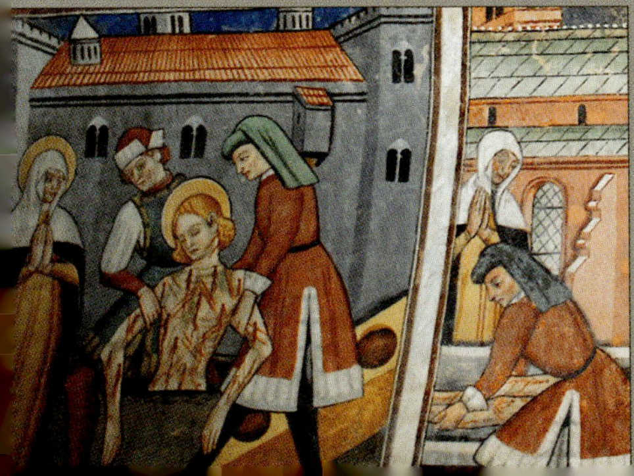

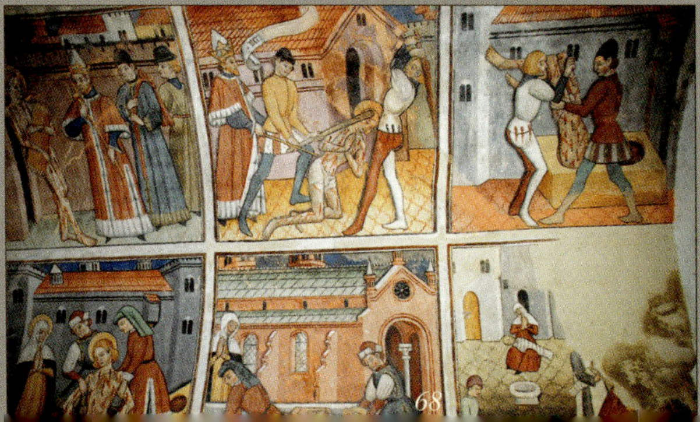

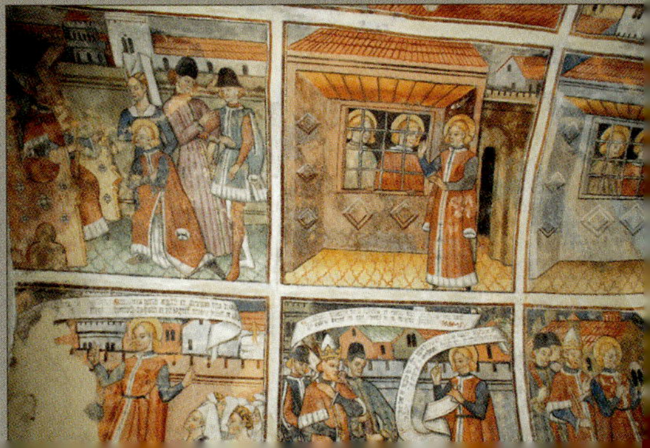

·S· nicolaus· ·bernardus· ·S· maurus·

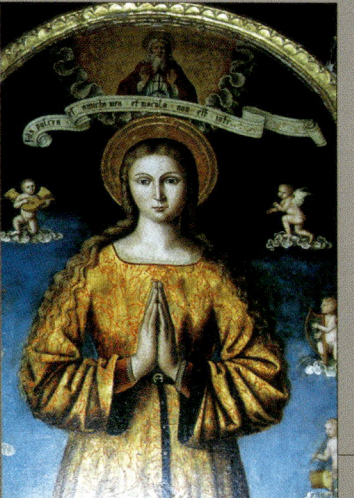

Détails du polyptyque de François Bréa, exécuté en 1555 et dédié à Notre-Dame-de-la-Miséricorde

La Vierge immaculée fut peint en 1530 par François Bréa

LA ROUTE DES BRÉA ET LA ROUTE DU BAROQUE NISSO-LIGURE

Le conseil général des Alpes-Maritimes a édité ces deux brochures en partenariat avec l'Italie. Elles permettent de découvrir les plus beaux monuments, sacrés et civils, d'un patrimoine inestimable : chapelles, églises, palais, etc., ainsi que les œuvres des premiers peintres de la Renaissance. L'art baroque, né en Italie, se développa particulièrement dans la région sous la domination des comtes de Savoie dès la fin du XVIe siècle. Les villes, villages et paroisses rivalisèrent entre eux pour embellir les édifices religieux de retables et de fresques ayant pour thème la passion du Christ, la vie de la Vierge Marie ou celle d'un saint. Ces peintres, Italiens ou Niçois comme les Bréa, se rassemblèrent au sein du mouvement des « primitifs niçois ». Ces brochures gratuites sont disponibles dans les offices de tourisme et les mairies du département.

Détail du triptyque consacré à saint Pierre, œuvre d'un artiste anonyme peinte vers 1400

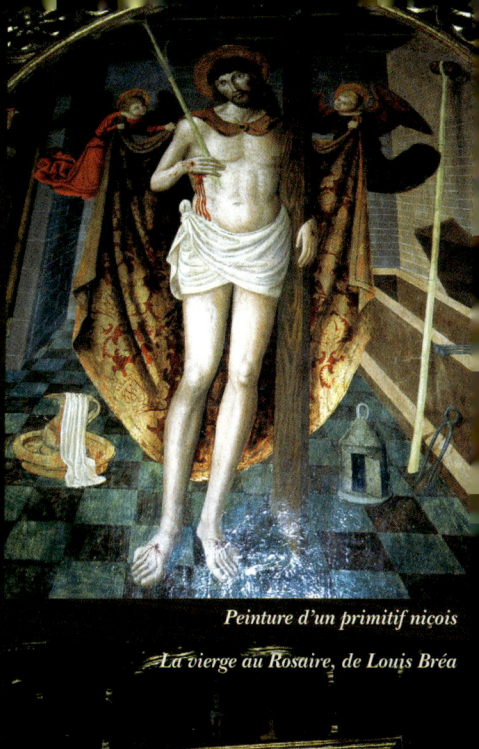

Peinture d'un primitif niçois

La vierge au Rosaire, de Louis Bréa

Sommet du Cayre Gros, 2 088 m

Dans les brumes du pas de Sainte-Anne, près du col de la Lombarde

Le sommet du mont Mounier

Ex-voto et crucifixion au pas de Sainte-Anne

Sur la cime de la Lombarde, 2 800 m

La croix de Becco Rosso

Sommet du Tenibre, 3 031 m

Défenses, limites, monuments

Le fort de Savoie fut construit à partir de 1793 sous les recommandations de Vauban.
Avec le fort de France et les remparts de la ville, il composait le dispositif de défense contre le duc de Savoie, allié des Espagnols.

Borne n° 16 (original), entre la Savoie et le royaume de France. Mairie de Saint-Martin-d'Entraunes. La borne se situait au col des Champs.

Les bornes frontières historiques

Le marquage de la frontière entre la Savoie (le royaume de Piémont-Sardaigne qui incluait le comté de Nice) et le royaume de France (qui incluait la Provence) a fait l'objet de nombreuses modifications au cours des XVIIe et XVIIIe siècles. Quarante-quatre bornes furent ainsi réalisées en 1761, dont trente et une plantées et onze gravées, et soixante-dix-huit en 1823. Dans la région, elles sont placées sur les limites actuelles entre les départements des Alpes-Maritimes et des Alpes-de-Haute-Provence au nord et à l'ouest, et les arrondissements de Grasse et de Nice au sud. On pourra au cours des randonnées découvrir quelques-unes de ces cinquante-quatre bornes frontières historiques d'origine, certaines étant des moulages (surtout les bornes plantées, sujettes au vol ou au vandalisme). Qu'il s'agisse de bornes plantées ou des bornes gravées, on repère les dates de 1823 ou de 1761, la croix de Savoie ou la fleur de lys (parfois les deux à la fois). On retrouve également de nombreuses bornes frontières sur les limites entre l'Italie et la France : sur l'ancienne frontière de 1861 à 1947, et la nouvelle et dernière depuis 1947.

Borne « moderne » n° 139, entre la France et l'Italie

Les grands sites militaires

Forts, blockhaus, redoutes, batteries, pistes, etc., témoignent des divers affrontements passés : guerre de succession d'Autriche et guerres révolutionnaires au XVIIIe siècle, conflits du XIXe et Seconde Guerre mondiale. Les ouvrages sont surtout concentrés autour de l'Authion et dans la vallée de la Haute-Tinée.

La ligne Maginot

C'est un ensemble de fortifications et d'ouvrages défensifs construits par les Français, des Ardennes à la Méditerranée, après la guerre de 1914-1918. Le secteur fortifié des Alpes-Maritimes comprenait quatre-vingt-cinq ouvrages destinés à arrêter l'intrusion des chars italiens.

L'Authion

Ce grand site militaire historique du Mercantour fut le témoin de combats décisifs lors de la Seconde Guerre mondiale. De par sa position dominant les vallées de la Roya, de la Vésubie et de la Bévéra, le massif de l'Authion présente un grand intérêt stratégique pour la surveillance et la défense des cols alpins et des Alpes du Sud, notamment contre les « invasions » italiennes. Deux générations d'ouvrages militaires se côtoient : d'une part les fortifications et constructions du général Séré de Rivières (1874-1880), comme les forts de la Forca et des Mille Fourches, la redoute des Trois Communes et le camp de Cabanes-Vieilles, et d'autre part le dispositif de la ligne Maginot (1928-1940) avec l'ouvrage de Plan-Caval.

Tout au long de l'itinéraire, de nombreux vestiges de forts, blockhaus, redoutes, batteries, pistes, etc., témoignent des terribles affrontements passés contre les forces allemandes qui tenaient toutes ces positions. Des monuments commémoratifs nous en rappellent les dates et les circonstances : une stèle à la mémoire des Fusiliers Marins et des combattants de la 1re DFL (avril 1945) et le monument du Char de l'Authion à Cabanes-Vieilles. Près d'un char d'assaut américain, un panneau relate les derniers combats de libération du haut pays des Alpes-Maritimes (le sud du département fut libéré à partir du 15 août 1944) par la 1re division Française Libre du 10 au 24 avril 1945. Le général de Gaulle annonce à Nice le 9 avril 1945 : « *Le vent de la victoire souffle sur les Alpes et va les dépasser.* » Quinze jours plus tard, malgré les deux cent quatre-vingt-quatre soldats français tués, l'Authion et sa région étaient libérés.

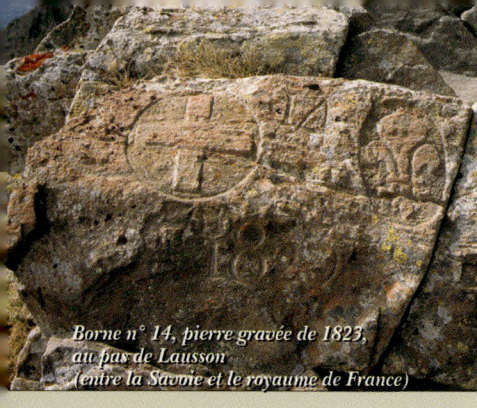

Borne n° 14, pierre gravée de 1823, au pas de Lausson (entre la Savoie et le royaume de France)

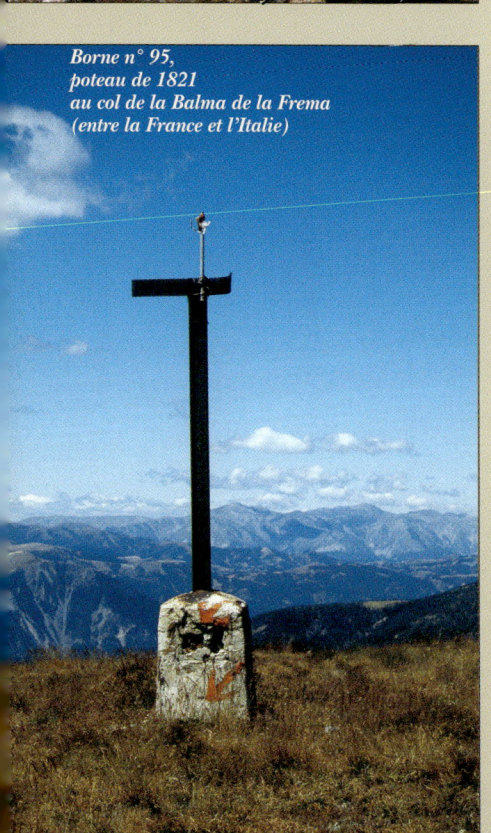

Borne n° 95, poteau de 1821 au col de la Balma de la Frema (entre la France et l'Italie)

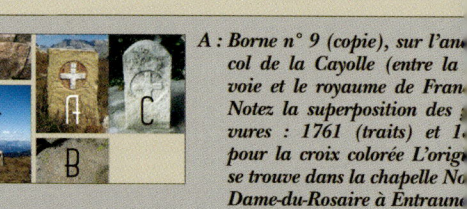

A : *Borne n° 9 (copie), sur l'an[cien] col de la Cayolle (entre la [Sa]voie et le royaume de Fran[ce]. Notez la superposition des [gra]vures : 1761 (traits) et 1[823] pour la croix colorée L'orig[inal] se trouve dans la chapelle No[tre-]Dame-du-Rosaire à Entraune[s]*

B : *Borne n° 41, pierre gravée de 1823 au col de la Mout[ière] (entre la Savoie et le royaume de France). Les dates de 1[761] et 1823 sont gravées*

C : *Borne n° 56 (original), elle se situait près des rives du [Var] (entre la Savoie et le royaume de France). Elle se s[itue] aujourd'hui sur la route de la Roudoule*

Borne n° 147 de 1947 au pas du Préfouns, entre la France et l'Italie

Casernement vers le fort des Milles Fourches (Authion)

Le fortin du mont des Fourches (Haute-Tinée). Intégré au dispositif Séré de Rivière (1890), il défendait avec les ouvrages de Pelousette et Tête de Vinaigre (las Planas) les cols de Restefond et des Granges Communes

Le monument aux morts du Tueis (Authion). Il commémore le massacre de 3 200 jeunes soldats français de la Convention par les Austro-Sardes en 1793

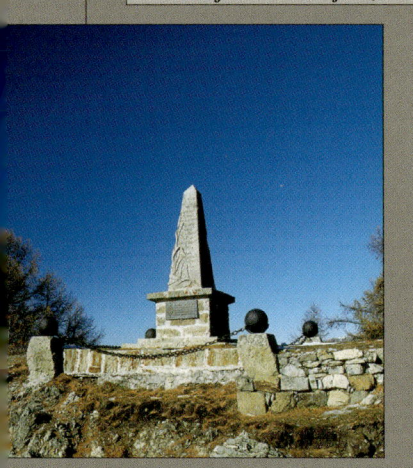

Le monument des Fusiliers marins tombés lors des combats de l'Authion à la fin de la Seconde Guerre mondiale

Le fort des Milles Fourches (Authion). Situé à 2 045 m d'altitude, il fut construit en même temps que le fort voisin de la Forca entre 1887 et 1890. Occupé par les Allemands, il fut bombardé par les alliés en avril 1945

La stèle Valette (mont Mounier)

Le fort de Plan Caval (Authion). Conçu en 1936, l'ouvrage est constitué d'une infrastructure souterraine inachevée et de d'une série de casernements

Défenses, limites, monuments

Les casernements de Cabanes Vieilles et un char d'assaut américain (Authion)

Le fort Central, l'un des six forts italiens du col de Tende reliés par une route stratégique

La redoute des Trois Communes, point culminant du massif de l'Authion (2 080 m) L'ouvrage fut construit en 1897 sur ce sommet stratégique qui contrôle les vallées de la Roya et de la Vésubie pour protéger les forts de la Forca et des Mille Fourches.
La pierre et le béton armé furent étroitement mêlés, ce qui constituait une nouveauté. L'état de l'ouvrage témoigne des violents combats d'avril 1945 qui permirent à la 1re DFL de reprendre le massif aux Allemands.

A : *Le fort de France (Colmars-les-Alpes)*
B : *Le fort Pépin (col de Tende)*
C : *Une casemate au col de la Fenestre (Boréon)*

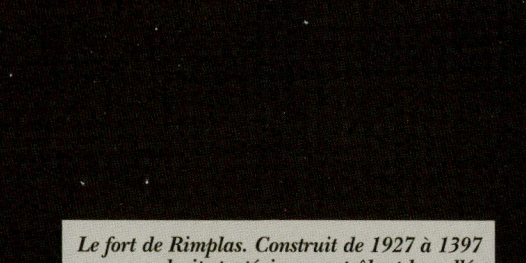

Blockhaus sous le col de la Lombarde avec une partie bien camouflée (Isola)

Le fort de Rimplas. Construit de 1927 à 1397 sur un endroit stratégique contrôlant la vallée de la Tinée, il faisait partie de la ligne Maginot. Plus bas dans la vallée, le petit ouvrage de la Frassinéa complète le dispositif (il se visite)

Fort italien en contrebas de la baisse de Druos (Isola)

Bloc de combat du fort de Rimplas. Au loin, le mont Mounier (2 817 m)

Merveilles minérales, d'eaux et de lumières

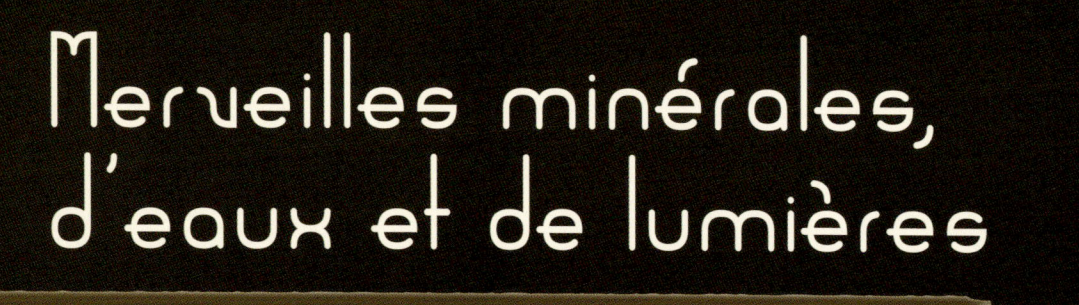

Vue sur la Tête de Siguret (Ubaye) depuis le pas de la Cavale

Beautés singulières des Alpes d'Azur

La cime du Gélas, 3 073 m, point culminant des Alpes-Maritimes

La cima de Argentera, 3 297 m, le grand sommet du parc « Alpi Marittime », le voisin italien

Le massif du Mercantour est une région de contrastes à la diversité physique et biologique exceptionnelle. La diversité géologique, induite par un grand cloisonnement du relief et des sols hétérogènes allié aux influences climatiques multiples, conduit à une extraordinaire variété des milieux naturels, ce qui permet la présence d'un grand nombre d'espèces végétales et animales sur un espace relativement limité.

Climatologiquement, le massif du Mercantour se situe au carrefour d'influences arctiques, continentales et méditerranéennes, occidentales et orientales. La température y est tempérée par l'influence de la mer à moins de 50 km. Les Alpes plongent dans la mer.

Les paysages y sont d'une variété et d'une beauté exceptionnelle. L'émerveillement est au bout de chaque lacet, chaque col, chaque pas. Variété des formes et de la nature des roches : pélites rouges, violettes ou vertes, marnes noires, granite rosé, grès beige, calcaire blanc lumineux, cargneule rousse, quarztites éclatantes, gneiss tacheté et strié, schiste feuilleté et irisé, etc.

Diversité des reliefs et des paysages : larges croupes verdoyantes ; vallées profondes et sombres gorges encaissées ; sommets effilés, tabulaires, dentellés, enneigés ; plateaux dénudés et pierreux ; pentes errodés ; gigantesques pierriers ; structures ruiniformes ou empilées ; blocs erratiques posés ça et là ; rochers torturés ; etc.

Variété des couverts forestiers avec les sombres hêtraies, sapinières et pessières, les rougeoyants sous-bois de rhododendrons et de myrtilliers, les lumineuses et éclatantes fleurs des prairies, et la palette fauviste des mélézins tein-

*La cime Nègre, 2 553 m, à l'allure de pyramide égyptienne,
voisine du Mounier*

*Lames acérées
au pas du Préfouns*

89

L'arche de Tortisse, construction de cargneule, Haute-Tinée

L'incroyable légo du col de la Roche Trouée, vallon de Gialorgues

Passage ruiniforme vers Vignols

tés de jaune et d'orange à l'automne qui se mèlent aux érables et aux sumacs fustets pour composer les plus beaux tableaux de la nature.

Multiplicité des blancs, des verts et des bleus de la neige, de la glace et des lacs qui se déclinent du blanchâtre au gris, du verdâtre à la turquoise, de l'outremer à l'azuré, du lavande au cobalt…

Bref, une mosaïque de merveilles à voir et à sentir, à respecter et à préserver.

*Menhirs, moaï, vestiges d'un mur cyclopéen ?
Les blocs de grès d'Annot du col de la Roche Trouée
ne laissent pas indifférents !*

A, B, C, D : Équilibre précaire pour ces blocs erratiques abandonnés par quelque ancien glacier quaternaire

Bel environnement granitique entre le lac Nègre et le pas du Préfouns

94

Géologie et reliefs

On distingue trois zones :

1- La zone centrale du socle cristallin (micaschistes, gneiss, granite) qui comporte les plus hauts sommets : Gélas (3 143 m), mont Clapier (3 045 m), mont Ténibre (3 031 m), cime de l'Agnel (2 927 m)

2- Une haute chaîne sédimentaire à l'ouest et au nord (calcaires, schistes, grès d'Annot, marnes) : mont Pelat (3 050 m), Rocher des Trois Évêques (2 868 m), cime de la Bonette (2 860 m), cime de Pal (2 818 m), mont Mounier (2 817 m)

3- Une moyenne montagne sédimentaire au sud-est (quartzites, schistes, dolomies, cargneules, conglomérats, pélites vertes et violettes) : cime du Diable (2 685 m), pointe de la Corne de Bouc (2 455 m)

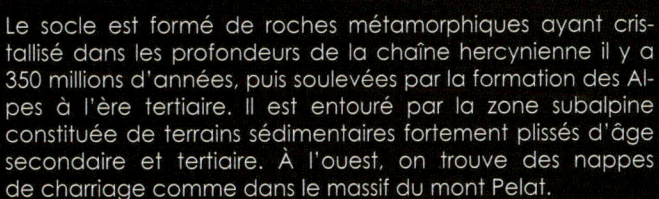

Le socle est formé de roches métamorphiques ayant cristallisé dans les profondeurs de la chaîne hercynienne il y a 350 millions d'années, puis soulevées par la formation des Alpes à l'ère tertiaire. Il est entouré par la zone subalpine constituée de terrains sédimentaires fortement plissés d'âge secondaire et tertiaire. À l'ouest, on trouve des nappes de charriage comme dans le massif du mont Pelat.

La raideur des pentes en général favorise la présence de vallées exiguës et par conséquent les éboulements, glissements et l'érosion torrentielle (phénomène des « bad lands ou Terres noires » dans les marnes). Les rares surfaces planes correspondent aux formes d'érosions glaciaires (épaulements et cirques)

Dans le vallon des Sagnes, au fond, la Tête du Siguret, 3 032 m

Vers Jausiers, les étonnantes dentelles du massif du Siguret. Les reliefs sont constitués de flyschs, roches sédimentaires relativement tendres

Sur le fil des crêtes de l'Ortiguier, entre la pointe des Trois Communes et la cime du Diable, le GR 52 suit de près la ligne de crête : pentes vertigineuses, émotions garanties et équilibre recommandé !

Merveilles minérales, d'eaux et de lumières

L'immensité sauvage du bassin du Salso Moreno

Le Salso Moreno et les lacs de Morgon

L'étonnant vallon du Salso Moreno mérite absolument une visite, tant par son esthétisme unique que par sa genèse originale. On est immédiatement surpris par l'immensité et l'hétérogénéité du site, aussi bien sur les formes que sur les couleurs. On découvre une palette de roux, de verts, de gris et de noir sur une juxtaposition de reliefs acérés et austères que sont les Roubines nègres, les crêtes de la Tour et les grands sommets du Rocher des Trois Évêques et de l'Enchastraye et les vastes croupes d'herbe tendre ponctuées de nombreux cratères et entonnoirs dans le vallon. Ce nom d'origine hispanique (les Espagnols occupèrent la région de 1744 à 1747), « sauce brune », désigne la teinte des eaux produite par les fortes pluies qui ravinent les marnes noires (« terres noires ») du cirque. Quant aux formes en entonnoirs appelés dolines ou fontis, elles se créent par dissolution du gypse et des cargneules (roche sédimentaire vacuolaire) par l'action de l'eau froide résultant de la fonte des neiges. Plus haut, il faudra absolument rejoindre les magnifiques lacs de Morgon et les lacs Laussets. Bref, le mariage du sauvage et de la sérénité : une merveille !

Le versant méridional du Salso Moreno alterne des « Terres noires » (marnes noires), des dolines gypseuses, des roches marno-calcaires et des roches dolomitiques, divers éboulis et cônes de déjection. C'est cette forte diversité géologique qui donne ces extraordinaires paysages

La grande Barme de la Fiero à Vignols, commune de Roubion

L'étonnante « forteresse » du Fort Carra, 2 880 m, constitué d'épaisses couches de grès empilées

Les croupes roussies de la montagne de l'Estrop

Le fort Carra vu depuis le vallon de Gialorgues

Montée vers le mont Pelat, 3 051 m, depuis le lac d'Allos

Un dernier effort avant le sommet

Le mont Pelat

L'ascension de ce haut sommet des Alpes du Sud est facilement réalisable par la plupart d'entre nous, pour peu que la forme, l'équipement minimum requis (bonnes chaussures, eau, nourriture et vêtements d'appoint) et le beau temps soient au rendez-vous.

Deux possibilités : soit partir du col de la Cayolle, soit du parking du lac d'Allos. N'hésitez pas à faire un petit crochet pour rejoindre l'étonnant lac du Trou de l'Aigle, un lac qui cache sous les éboulis un cœur gelé permanent. Un must : admirer la nuit étoilée puis le lever du soleil au sommet. Avec un bivouac à mi-distance sur les derniers replats herbeux, c'est l'assurance d'un grand moment de sérénité, de communion avec la nature, un rendez-vous inoubliable avec la beauté. Bref, un bonheur simple doublé d'un bel « exploit sportif ». Au sommet, un panorama extraordinaire englobe la frange côtière, les Préalpes calcaires et les massifs des Écrins, de la Vanoise et du Mont-Blanc, sans oublier bien sûr en contrebas le scintillant joyau couleur saphir qu'est le lac d'Allos.

Une palette de floraisons estivales : le genêt, la lavande et la linaigrette

Dans le val du Haut-Boréon

La mer de nuages gagne les hauteurs de l'Authion

L'amphithéâtre des Tours du lac et la superbe cascade de l'Aiglière. Derrière les sommets gréseux, le lac d'Allos

Tapis rougeoyant dans le cirque du Mont Archas

Douceur du paysage automnal dans le pays d'Annot

Peupliers, cytises et mélèzes au-dessus des gorges du Bachelard

LE MÉLÈZE

Le mélèze se différencie des autres pins par la perte de ses feuilles (les aiguilles) en hiver. C'est l'essence dominante de la zone centrale et en particulier de l'étage subalpin (1 700 à 2 400 m). Le mélézin constitue 8 % de l'ensemble des forêts sur le Parc et sa périphérie et 43 % sur le Parc national proprement dit. L'homme a favorisé son développement, car il est mieux adapté à l'économie agro-sylvo-pastorale traditionnelle (pâturage – réalisation de tapis herbacé sous les arbres –, exploitation du bois). Le mélèze est associé à l'épicéa à l'est, et en altitude au pin cembro. Ils forment alors de magnifiques forêts : vallon de Sestrière, de Mollières, du Boréon et de la Madone de Fenestre. On trouve des mélèzes isolés jusqu'à 2 500 m, près de barres rocheuses bien isolées. C'est une espèce pionnière qui se développe sur des sols pauvres. C'est une essence très rustique, de bonne croissance et dont la qualité du bois est excellente. Imputrescible, il est utilisé dans la construction de charpentes et des toits en bardeaux. De nombreux animaux fréquentent les mélézein : le tétras-lyre, le casse-noix moucheté, la rare chouette de Tengmalm, le mouflon et même le loup.

Merveilles minérales, d'eaux et de lumières

Le photogénique pain de Sucre, 2 560 m, au-dessus des gorges de Bachelard

Le col des Champs dominé par la Tête de l'Encombrette, 2 684 m

Les climats du Mercantour

Climatologiquement, le massif du Mercantour se situe au carrefour d'influences arctiques, méditerranéennes, occidentales et orientales. La température est tempérée par l'influence de la mer à moins de 50 km. Globalement, les hivers sont doux et les étés chauds. On observe un décalage de 5° C des températures hivernales avec les Alpes du Nord à altitude comparable. L'été y plus précoce, les périodes de mauvais temps sont brèves et alternent avec de longs épisodes de beau temps. Les précipitations sont abondantes et souvent violentes du fait de la remontée de grandes masses d'air chaud d'origine tropicale. On distingue trois grands secteurs climatiques :
- La zone septentrionale qui avec ses hauts-reliefs du versant de l'Ubaye bloque toutes les perturbations venant du nord et du nord-est.
- La zone frontalière orientale qui subit de plein fouet des perturbations italiennes (la lombarde).
- La zone méridionale qui reçoit les remontées chaudes et humides, favorisant les orages.
Enfin tout ceci est compliqué par des influences locales liées à l'orientation des vallées, la hauteur des reliefs et la proximité de la mer.

Ambiance inquiétante et presque maléfique à la bien nommée cime du Diable

Vers le lac de Trécolpas

Jeux d'ombre et de lumière autour du lac d'Allos au cœur de l'hiver

Piste de ski désertée à la Colmiane

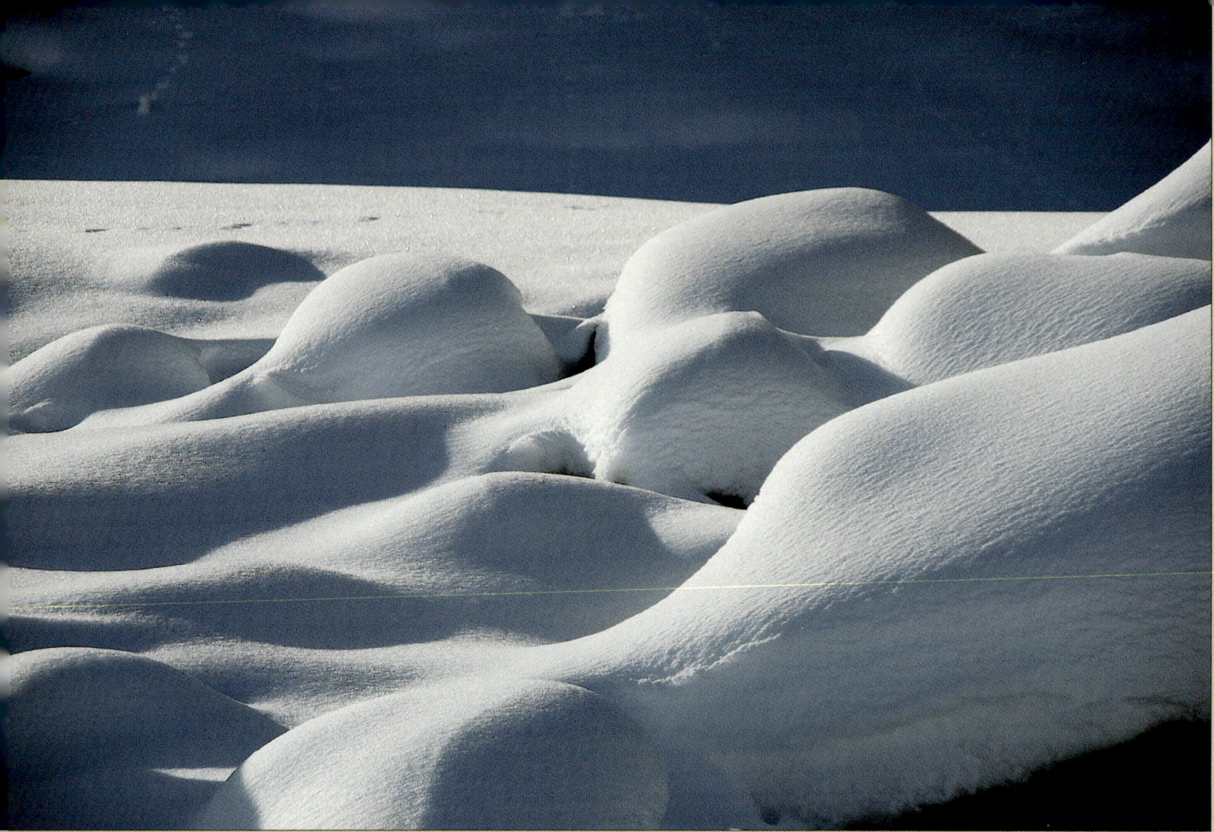
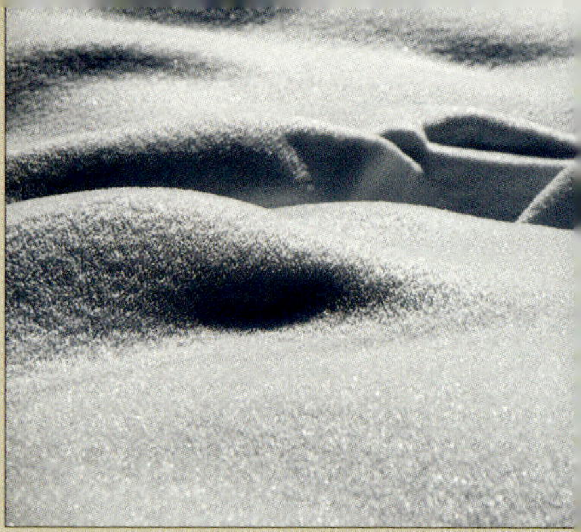
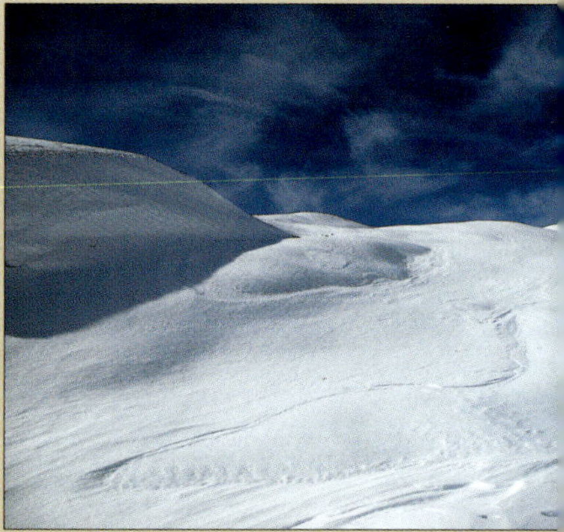
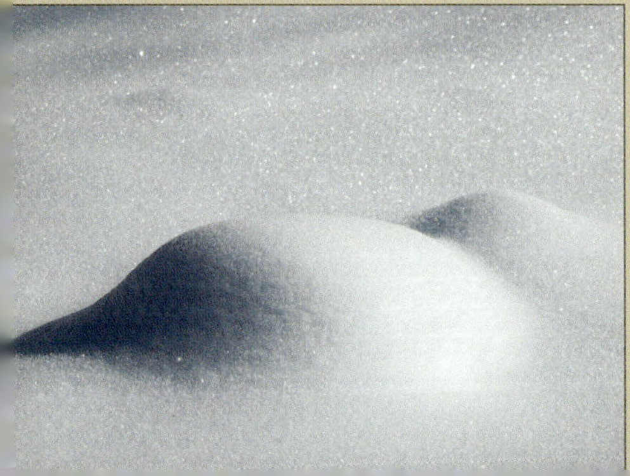
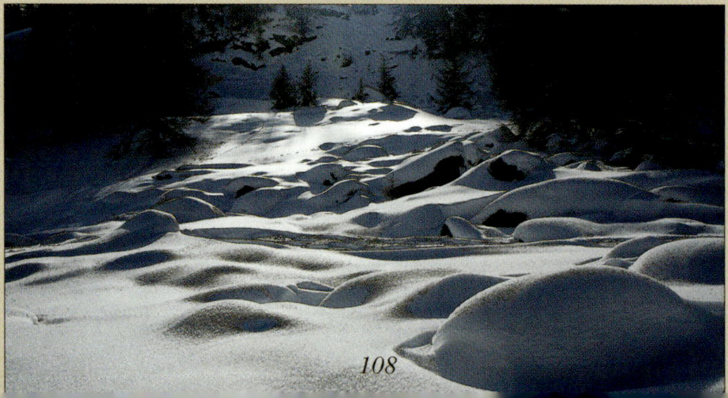
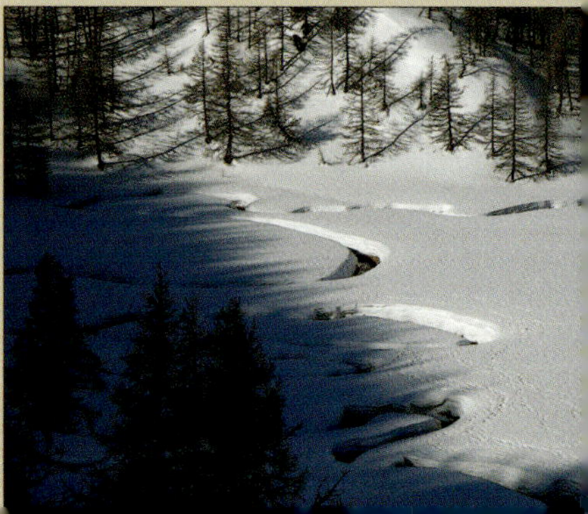

La neige, telle un palimpseste, recouvre tous les reliefs d'une douceur paisible et tente de gommer les moindres détails d'hier pour réécrire une nouvelle histoire chaque hiver. Les traces et les pas, tantôt en creux, tantôt extrudés tentent de subsister un moment puis s'effacent.

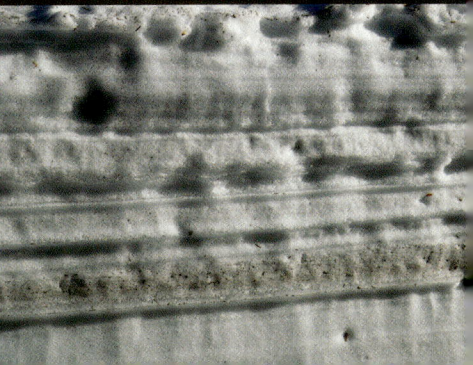

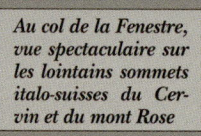

Vue sue le massif des Écrins et la Barre des Écrins depuis le mont Pela...

Au col de la Fenestre, vue spectaculaire sur les lointains sommets italo-suisses du Cervin et du mont Rose

110

*La cime du Lombard,
2 842 m, à l'est du refuge de la Cougourde*

*Une allure de mont Everest
pour le Grand Capelet, 2 935 m*

Un beau couloir sur la cime Ouest de Fenestre, 2 662 m

Des panoramas extraordinaires

Que ce soit du haut du mont Mounier, du mont Pelat, de la cime de la Bonette ou de certains cols bien dégagés, la vue qui s'offre parfois à nous, dans de bonnes conditions climatologiques, peut réserver des surprises étonnantes. Vous reconnaîtrez à coup sûr la belle pyramide du Viso (3841 m) ou la montagne Sainte-Victoire. On pourra souvent distinguer les hauts sommets des massifs des Écrins, comme la Barre des Écrins (4102 m). Plus rarement, c'est le mont Blanc (4810 m) ou la Corse que l'on distinguera, ou encore le mont Rose (4634 m) et le Cervin (4478 m), à plus de 200 km à vol d'oiseau, semblant flotter au-dessus de la plaine du Pô.

Dans le secteur de Fontanalba, le mont Bégo, 2 872 m, à gauche et le Grand Capelet au fond

Lumière douce dans le vallon de la madone de Fenestre

Lumière rasante dans la vallée du Chadoulin

Jeux d'ombres et de lumières au coucher sur les lacs de Vens

Le Rocher Peyron et, derrière, le Mourre haut, 2 872 m

Lumière vespérale depuis la cime de la Bonette

Le mont Neiglier, 2 786 m, garde la vallée des Merveilles

Merveilles minérales, d'eaux et de lumières

Lumière vespérale depuis la cime de la Bonette

Le mont Neiglier et le mélézein s'enflamment aux derniers rayons

Sculptures éphémères de la glace, frissons, transparence, finesse et délicatesse de la goutte qui tombe

Jeux de glaces. Lac Glacé, Valmasque

LA VIE DANS LES LACS GLACIAIRES

La vie des lacs glaciaire de montagne n'est pas éternelle car les sédiments les comblent peu à peu. Dans ce milieu froid et pauvre en oxygène, la vie s'y développe parcimonieusement. Peu de substances organiques, ce qui explique la pureté de l'eau. L'écologie d'un lac varie fortement avec les saisons. Les mois froids, la glace et la neige qui la recouvre stoppent la photosynthèse et les poissons sont au repos. L'eau est un peu moins froide vers le fond, 3,5° C à 3,9° C. En revanche, elle est proche de 0° C sous la glace. L'été, la couche de surface est plus chaude (de 18° C à 24° C), ce qui favorise l'éclosion des larves d'insectes, mais elle est moins dense que les couches inférieures : il n'y a donc pas de mélange et la température vers le fond s'abaisse brutalement (7° C pour les couches intermédiaires et 4° C au fond). Au printemps et en automne, le brassage peu se faire grâce au dégel et au vent. La température s'équilibre à peu près, sauf pour les lacs les plus profonds. La couleur des lacs de montagne résulte d'un grand nombre de paramètres : elle varie en fonction de la présence ou non d'une couverture nuageuse, de l'angle de pénétration de la lumière, de la quantité de matière organique ou minérale en suspension, de la présence de vent ou non et bien sûr, de la profondeur de l'eau.

Lac Graveirette, Haut-Boréon

Petit lac à l'ouest du lac de l'Agnel, Valmasque

Le lac Glacé, 2 588 m, Valmasque

Lac Graveirette, Haut-Boréon

Jeux de miroirs. Lac Glacé, Valmasque

Escargot flottant et visage, profondeurs bleutées insondables

A : Banquise fissurée turquoise
B : Lent dégel au lac Graveirette, Haut-Boréon
C : Un gemme aqueux couleur lapis-lazuli en contrebas du lac Glacé, Valmasque

121

Le majestueux lac d'Allos en hibernation

Le petit et le « grand » lac de l'Agnel, aux couleurs changeantes, Valmasque

En automne, avant les grands froids

Lac de Vens, près du refuge

Lumière dorée d'un lac de Fremamorte en Italie. En face, la cima Argentera

Les charmants lac de Prals

Cousin de Nessie ou mirage sur le lac de la Fous ?

Le lac Vert de Fontanalba

Le convivial lac du Lauzanier, pêche et farniente sur ses rives verdoyantes.
Tout près, sur une butte, la jolie chapelle Notre-Dame-des-Lumières et une foule de marmottes peu farouches

125

Le lac Chaffour, linaigrettes et en face, le mont Ténibre, 3 031 m

Le lac Graveirette et la crête Colombrons

Lac Chaffour

Le petit lac de Beuil, Valberg

A : *Le lac Noir et la cime Chamineye, 2 921 m. Plus bas, le lac Vert de Valmasque et son refuge ; plus haut, le lac du Basto*
B : *Les lacs Lausfer (ou varicles) : quatre lacs circulaires très colorés au pied des cimes du Lausfer qui marquent la frontière avec l'Italie (le quatrième lac est situé un peu au-dessus)*
C : *Belle transparence au lac Nègre, Haut-Boréon*

A : Le lac Niré, entre Gordolasque et vallée des Merveilles

B : Peu avant le pas de la Cavale, le lac dit « de derrière la Croix », 2 428 m

C : Le lac du Lauzanier sur le sentier du pas de la Cavale

D : Les étonnants petits lacs d'Agnel emplissent des dolines issues de la dissolution du gypse

Le lac Nègre

Un accès facile par le vallon de Salèse suivit d'un beau sentier forestier. Après le franchissement du verrou, l'arrivée sur le lac offre un magnifique spectacle avec le superbe cirque granitique où se distinguent en face les pics acérés du Caïre du Préfouns (2 835 m), plus bas l'étroit passage du pas du Préfouns (2 615 m) et à droite la cime de Frémamorte, 2 731 m

Eaux glacées frissonnantes dans un des lacs italiens de Frémamorte

L'un des lacs de Gialorgues sous le col de la Roche Trouée

En amont du Salso Moreno, l'un des magnifiques lacs de Morgon

L'un des lacs de Morgon supérieurs

Les lacs italiens de Fremamorte, à voir absolument !

130

Reflets montagneux du Rocher des Trois Évêques, 2 868 m, et de la Tête de l'Enchastraye, 2 954 m, dans un lac du Morgon. Le contraste est saisissant entre les zones cristallines ponctuées de lacs et de riches prairies au sud-est et les montagnes et escarpements marno-calcaires, de « Terres noires » et de cargneules, très érodés et dénudés au nord

La pêche dans les lacs

Le département dispose de nombreux cours d'eau, lacs et plans d'eau où les pêcheurs pourront exercer leur art. 97 % des 1 200 km de cours d'eau sont classés en première catégorie. Plusieurs parcours de pêche sportive réglementée sont également proposés. Les lacs de montagne sont régulièrement alevinés. On y trouve essentiellement la truite, l'omble chevalier et le chabot. La truite fario, ornée de points rouges est présente dans la majorité des lacs jusqu'à 2 500 m. L'omble chevalier possède des points jaunes sur les flancs. Introduit dans les lacs du parc, on le pêche jusqu'à 2 600 m. Le chabot ne dépasse pas 12 cm. Il est de couleur sombre et possède une grosse tête plate. Très vorace, il est actif la nuit. La longueur autorisée des prises est de 20 cm pour la truite et 23 cm pour l'omble chevalier, et pas plus de 10 captures par jour et par pêcheur.

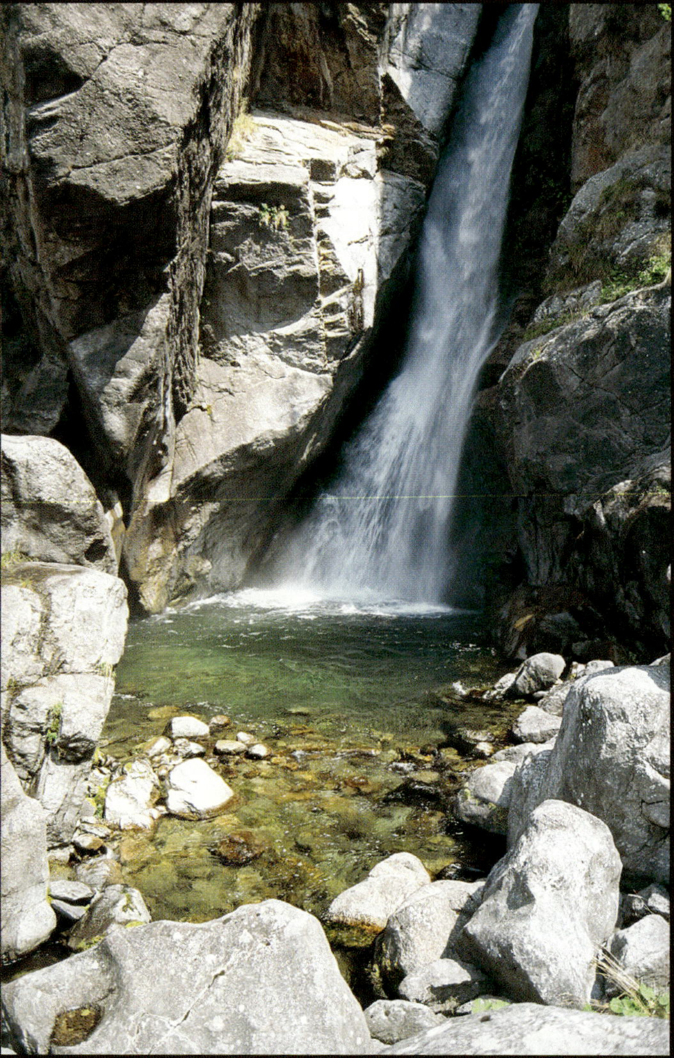

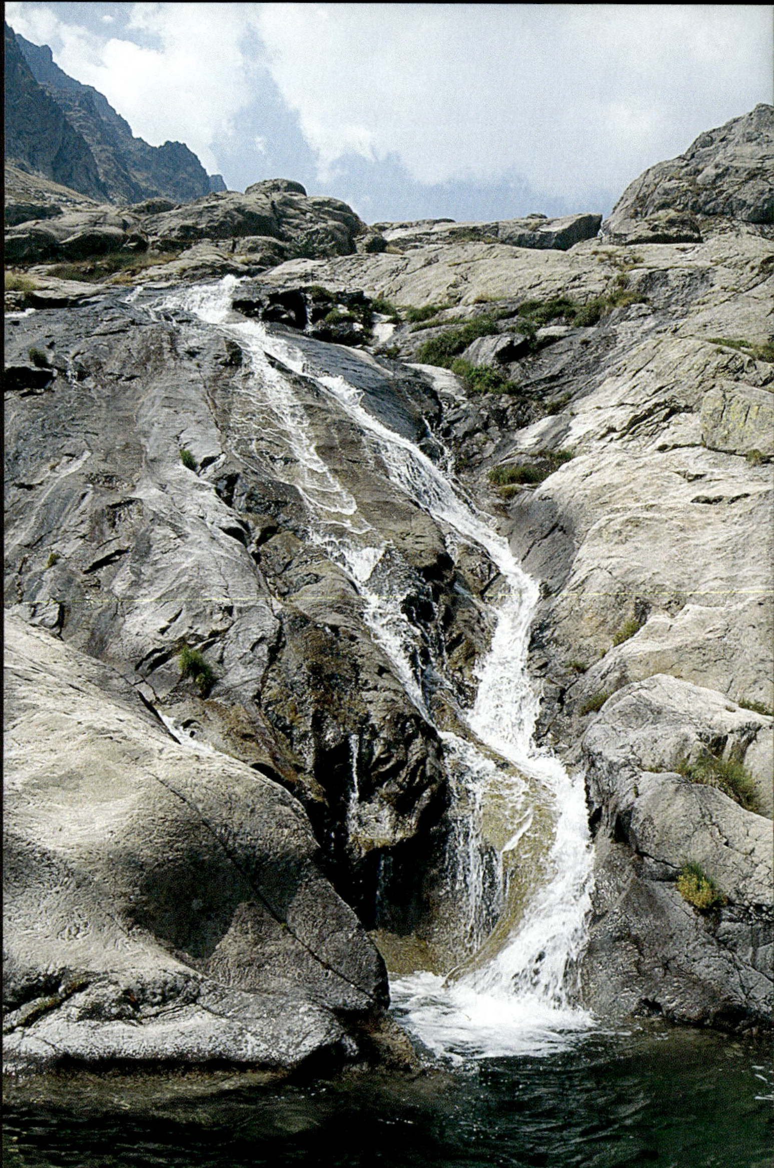

Les belles cascades du verrou de la Valmasque

La flore du Mercantour

Rhododendron ferrugineux

Saxifrage à mille fleurs

Lis martagon

Une flore exceptionnelle, riche et diversifiée

Le parc et sa zone périphérique abritent deux mille des quatre mille deux cents espèces florales connues en France (dont trente espèces endémiques et deux cents rares, soixante des soixante-dix-neuf espèces d'orchidées), entre 490 m (gorges du Piaon) et 3 143 m d'altitude, au sommet du Gelas. Les Alpes-Maritimes sont le seul espace à posséder tous les étages de végétation.

Au cours des âges, une flore tropicale a peu à peu été remplacée par des espèces tempérées lors de l'ère tertiaire. Simultanément, la chaîne de l'Argentera-Mercantour va se former et des espèces vont s'acclimater aux conditions montagnardes. La glaciation du quaternaire va définitivement sélectionner un certain nombre d'espèces venues des divers courants floristiques issus d'origines géographiques variées. D'autres espèces vont se retrouver isolées dans des zones refuges et devenir aujourd'hui endémiques. L'homme va aussi jouer un rôle important dans la disparition, la répartition ou l'apparition de nombreuses espèces, sauvages ou cultivées.

On peut regrouper les espèces principales du Mercantour en cinq niches ou milieux écologiques : milieux humides ; forêts ; pelouses et prairies ; rochers et falaises ; éboulis, murs, toits, abords de granges ou d'édifices ruraux montagnards.

Rosaces du saxifrage à mille fleurs

LA SAXIFRAGE À MILLE FLEURS
Plante rescapée des époques tropicales avant les glaciations, la saxifrage à mille fleurs *(Saxifraga florulenta)* fut découverte en 1818 par un jardinier turinois, Molinieri, dans le massif franco-italien de l'Argentera, près de Valdieri, puis en Tinée. Cette plante vivace aux feuilles en rosette, inféodée aux milieux siliceux, s'accroche sur les falaises et les rochers escarpés entre 1 900 et 3 250 m, de part et d'autre de la chaîne centrale franco-italienne. Elle ne fleurit qu'une seule fois pour clore une vie de dix à soixante-dix ans. Elle a été choisie par le parc national comme logo jusqu'en 1990.

Silène sans pédoncule

Œillet « œil-de-paon »

Joubarbe à toile d'araignée

Pivoine officinale

La répartition des essences dépend de l'altitude et de l'opposition entre l'adret et l'ubac :

- jusqu'à 600 m : essences méditerranéennes (chênes verts, chênes blancs, landes à genévriers et parfois la vigne et l'olivier) ;
- entre 600 et 1 100 m, étage collinaire ou supra méditerranéen : forêts de feuillus (chênes pubescents, charmes houblons dans les ubacs humides, frênes, érables, bouleaux) et de résineux (pins sylvestres, prairies, cultures). Parfois des châtaigniers, autrefois plantés sur sols acides ;
- entre 1 100 et 1 700 m, étage montagnard. Contraste très marqué entre adret et ubac. Pins sylvestres en adret, sapins et épicéas en ubac. Extension par l'homme du mélèze.
- entre 1 700 et 2 200 m, étage subalpin : mélézin dominant, pins cembro associés en altitude avec sous-bois de rhododendrons et myrtilles, pins à crochets et pins mugho dans quelques stations.
- plus de 2 200 m, étage alpin : pelouses, landes, zones dénudées ou escarpées, rochers, éboulis et falaises, parties sommitales avec des espèces adaptées (rhododendrons et myrtilles en ubac, pelouses en adret).

A : *Lis turban*
B : *Nigritelle de Cornelia*
C : *Soldanelle alpine*
D : *Orchis sureau rouge*
E : *Linaire des Alpes*

A : Ancolie de Bertoloni
B : Gentiane acaule
C : Globulaire à feuilles en cœur
D : Panicaut des Alpes
E : Scille d'Italie

140

Saxifrage à feuilles étroites

Anémone des Alpes en fruit

Edelweiss

Carline acaule

Linaigrette

Stipe pennée

A : Hélianthème nummulaire
B : Digitale à grandes fleurs
C : Gentiane jaune
D : Doronic à grande fleur
E : Lis orangé

142

A et B : *Grande dauphinelle*
C : *Grassette*
D : *Myosotis*
E : *Gentiane printanière*

La gentiane officinale

C'est une belle et grande plante vivace à grandes feuilles caduques bien connue des randonneurs. Très rustique, elle peut vivre une cinquantaine d'année et ne fleurie qu'au bout d'une dizaine d'années. Elle croit dans les pâturages et prairies sur des sols épais et riches. Le rhizome, épais et long, procure de nombreuses vertus médicinales (tonique, fébrifuge, etc.). Il est surtout utilisée dans la composition d'apéritifs amers après distillation ou macération et également en cosmétique et en cuisine.

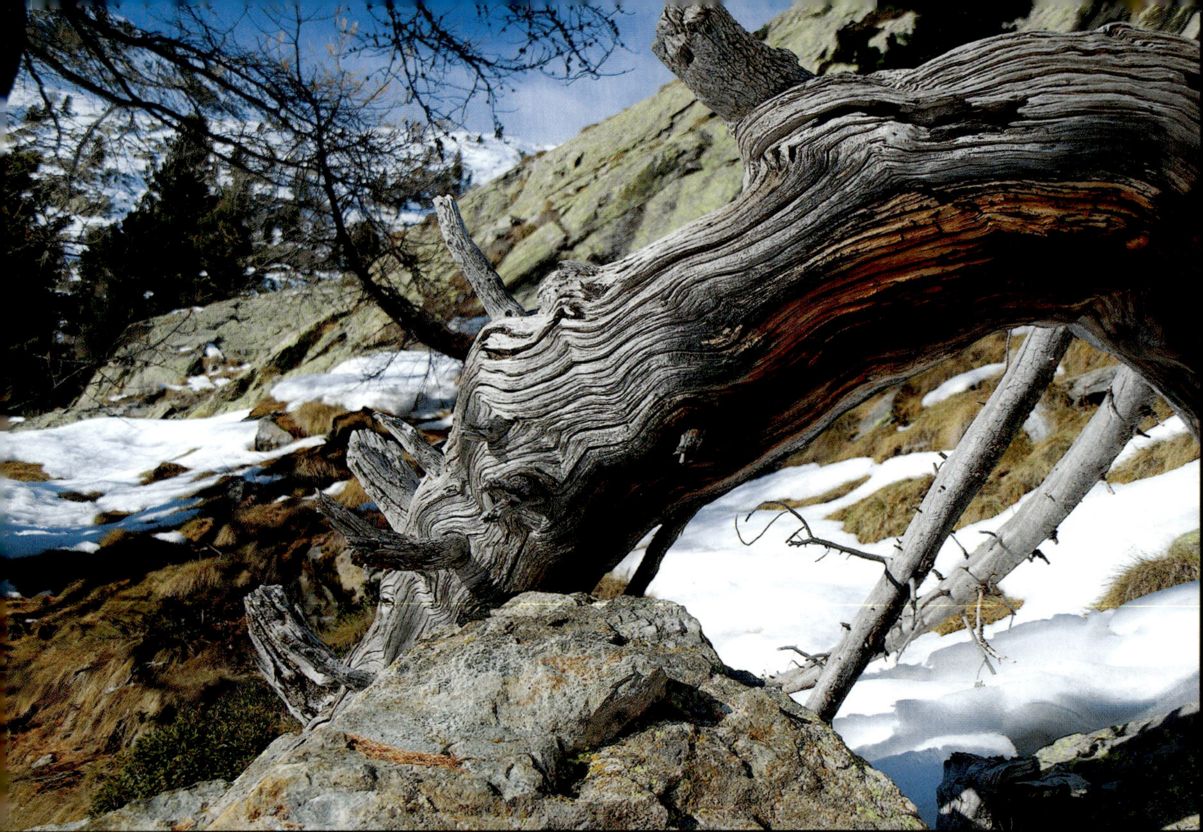
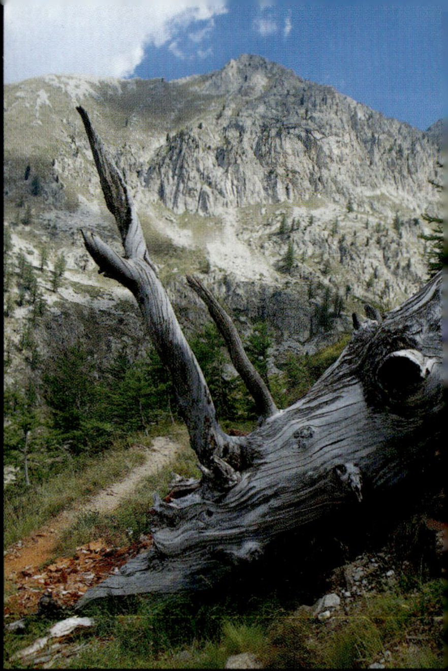
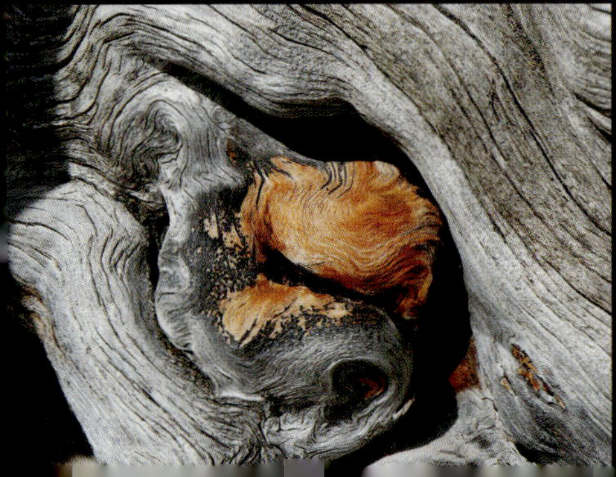
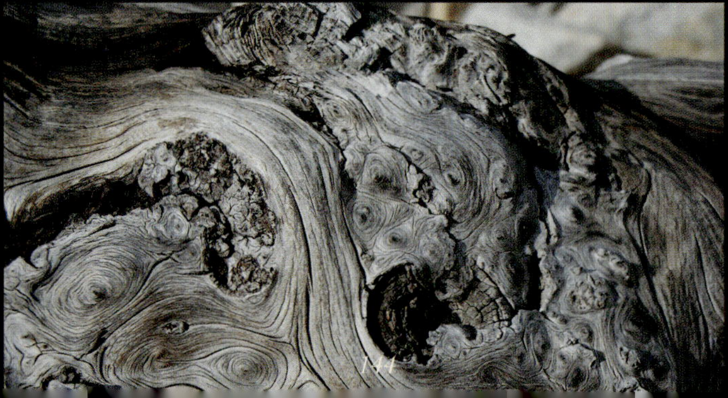
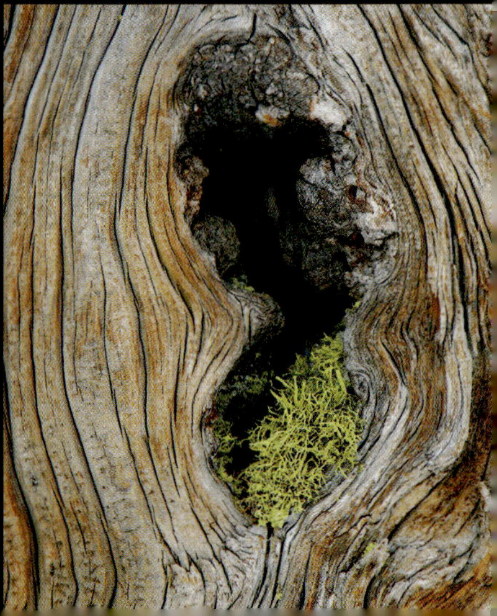

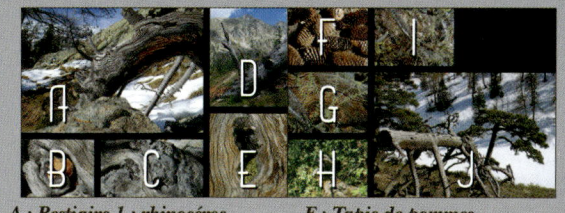

A : *Bestiaire 1 : rhinocéros*
B : *Bouche ou narines*
C : *Courbes de niveau*
D : *Bestiaire 2 : licorne*
E : *Nid douillet*
F : *Tapis de pommes*
G : *Vieux mélèze*
H : *Souche tricornée*
I : *Mélèze au printemps*
J : *Monstre ligneux en action*

Sorbier en automne dans le val d'Estenc

La flamboyance des sumacs en automne

Jeunes bourgeons et pignes de mélèze

Pin pionnier, solitaire et malmené

Aulne blanc au col du mont Cayre Gros

148

Symphonie impressionniste rouge

La faune du Mercantour

LA MARMOTTE DES ALPES

Ce petit mammifère sympathique, familier et « touristique » de nos montagnes, mesure de 45 à 65 cm de long, possède une queue de 15 cm environ, pèse adulte de 4 à 8 kg et vit entre 4 et 8 ans. Il hiberne en groupe 6 mois, d'octobre à avril, s'accouple en mai et sa portée peut compter 4 ou 5 marmottons. La marmotte fréquente les alpages entre 1 000 et 3 000 mètres et se nourrit de plantes herbacées et parfois d'insectes. Cet animal diurne boit uniquement l'eau de la rosée et des plantes et s'alimente au jour le jour jusqu'à une centaine de mètres de son terrier. Très prudente et méfiante, la marmotte possède un cri d'alerte qui ressemble à un sifflement puissant. Son terrier creusé au soleil sur des espaces bien dégagés est constitué de nombreuses galeries, de chambres et de plusieurs issues.

Mouflon mâle et femelles – Photo PNM, R. Valarcher

Chamois mâle

Mouflons mâles dans le Boréon près du col de la Cerise

Cerf bramant – Photo PNM, R. Valarcher

Proliférant et descendant vers le sud pendant la période glacière (20 000 ans avant J.-C.), bouquetins, chamois, marmottes, chouettes de Tengmalm, chocards à bec jaune, lagopèdes des Alpes, grands tétras, etc., se sont réfugiés dans les massifs montagneux dans les étages alpins et subalpins du PN quand le climat s'est réchauffé. D'autres espèces sont venues se mêler à eux, comme la perdrix bartavelle, originaire d'Orient, ou le hibou petit duc qui migre depuis l'Afrique septentrionale.

Malgré tout, les grands ongulés ont failli disparaître pendant la Seconde Guerre mondiale (trois cents chamois et cinquante bouquetins en 1945 !), puis du fait de la chasse et du braconnage.

Quelques personnalités locales, émues par ces ponctions dramatiques, décidèrent de créer en 1947 une vaste ré-

Bouquetins mâles près de la pointe Côte de l'Âne

Un beau bouquetin mâle qui force le respect ! Pas de l'Agnel

Lièvre variable – Photo PNM

Hermine – Photo PNM, G. Rossi

Hermine en hiver – Photo PNM, G. Lombart

Un loup du parc Alpha

serve naturelle de 3 500 ha, la Réserve du Boréon, issue des territoires constituant jadis la Réserve royale de chasse du roi d'Italie, restituée à la France. Les effectifs du chamois sont passés de mille quatre cents en 1979 à huit mille en 2000 en zone centrale.

Disparu des Alpes françaises en 1979, on comptait, en 2001, six cent vingt bouquetins en été et quatre cent cinquante en hiver.

LE BOUQUETIN DES ALPES

Il peut peser jusqu'à 110 kg et porte de longues cornes incurvées vers l'arrière. Il est moins farouche que le chamois. D'une agilité stupéfiante, il aime les terrains accidentés et escarpés. Il s'observe jusqu'à 3 000 m. Disparu des Alpes du Sud au milieu du XIXe siècle, le bouquetin a été réintroduit dans le massif de l'Argentera par le roi Victor Emmanuel III.

Entre 1987 et 1995, une coopération franco-italienne a permis la réintroduction de quarante-huit individus. On compte au total environ six cent vingt bouquetins en été et quatre cent cinquante en hiver (deux cent quatre-vingt-dix en été et cent cinquante en hiver dans les Alpes-Maritimes, deux cent soixante-dix toute l'année dans les Alpes-de-Haute-Provence).

Gypaète barbu planant – Photo PNM, P. Arsan

Aigle royal – Photo PNM, C. Robion

Lagopède en hiver – Photo PNM, G. Rossi

Circaète Jean-le-Blanc – Photo PNM, P. Pierini

Niché au sommet d'un conifère, un circaète offre un serpent à son aiglon – Photo PNM, J.-P. Malafosse

On trouve dans le parc national deux cent quarante-quatre espèces de vertébrés (dont cent cinquante sont protégées) comme des chamois, mouflons, marmottes, aigles royaux et, depuis peu réintroduits, bouquetins, loups (arrivés naturellement des Apennins) et gypaètes barbus (1993).

GYPAÈTE BARBU

C'est l'oiseau ayant la plus grande envergure d'Europe : jusqu'à 3 m, pour un poids de 5 à 7 kg. Il se nourrit d'os et de ligaments prélevés sur des charognes. Totalement exterminé dans les Alpes au début du XXe siècle, cet oiseau emblématique du Mercantour, très menacé, est en cours de réintroduction depuis 1993 dans le Parc national. Deux poussins sont réintroduits chaque année. La dernière campagne se termine en 2009. Les oiseaux sont suivis par télémétrie.

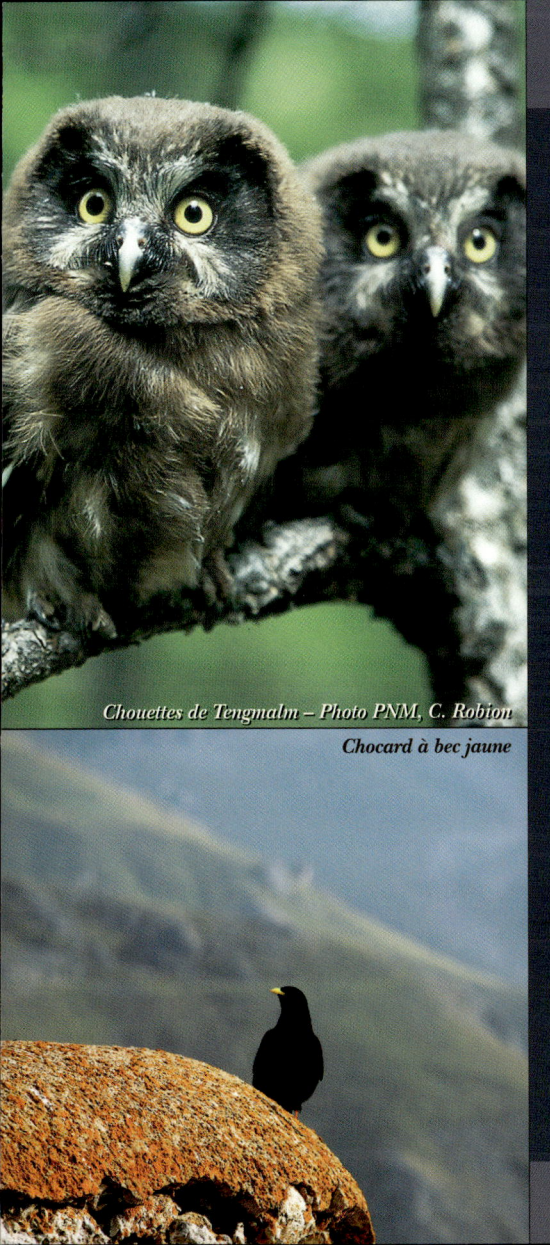

Tétras lyre

Ce sont :
- soixante espèces de mammifères dont les 3/4 sont des rongeurs, insectivores et chauve-souris (dix-neuf espèces parmi les trente européennes) ;
- huit espèces d'amphibiens ;
- la majorité des poissons a été introduite dans les lacs d'altitude ;
- quatorze espèces de reptiles dont six espèces de lézards et huit de serpents ;
- cent cinquante et une espèces d'oiseaux dont 58 % dans l'ordre des passereaux ;
- seize espèces de rapaces (neuf diurnes et six nocturnes). Les plus emblématiques étant l'aigle royal, le grand-duc d'Europe et surtout le gypaète barbu ; enfin, six à dix mille espèces d'insectes sur les trente mille que compte le territoire français y sont représentées.

Chouettes de Tengmalm – Photo PNM, C. Robion

Chocard à bec jaune

Faune et flore : rencontres espérées ou inattendues

Il existe dans le Parc national du Mercantour près de deux cents plantes rares dont une quarantaine d'espèces endémiques. Peu habitués à la botanique et sans indications ou descriptions précises, les non-spécialistes auront du mal à trouver telle ou telle espèce, ou alors la croiseront sans la voir. Mais quel bonheur de croiser un lis martagon, une ancolie de Bertolonie, un panicaut des Alpes ou le sublime saxifrage à mille fleurs, plante endémique et mythique du Mercantour. Cette plante accumule en effet les handicaps pour le randonneur curieux qui désire l'admirer sans l'avoir jamais vue : elle ne pousse que sur des espaces très limités du massif, sur des falaises ou escarpements siliceux, jamais en dessous de 2000 m et ne fleurit qu'une seule fois dans sa longue vie !

Pendant vos randonnées, vous croisez moult marmottes, de nombreux chamois et très souvent des bouquetins. Mais beaucoup plus rarement des mouflons, des tétras-lyres et, bien sûr, encore moins des loups ou des gypaètes barbus. Voir ces animaux sauvages dans leur milieu procure une émotion très forte et justifie toutes les randonnées et tous les efforts accomplis.

La faune du Mercantour

Souci	*Vulcain*	*Argus bleu*
Argus satiné	*Belle-Dame*	*Demi-deuil*
Apollon	*Zygène*	*Gazé*

Le patou, l'incontournable protecteur du troupeau

Le patou protège son troupeau

Agneau récemment né, vallon de Roya

Cheval pâturant sur le plan de Ténibre

Une belle tarine laitière

Grenouille rousse

Une belle fario, lacs Bessons

Les patous

Ces gros chiens blancs, rencontrés au long des promenades, sont mêlés au troupeau et en assurent la protection. Le retour naturel du loup a suscité un regain d'intérêt pour ce type de chien. Il naît en bergerie et entre très tôt en contact avec les moutons. Il dort, mange et vit avec le troupeau. Ce sont des chiens de dissuasion, qui par leur grande taille découragent d'éventuels prédateurs. Sa première réaction est d'aboyer pour prévenir le berger et de s'interposer entre le troupeau et l'intrus. Si vous êtes visé, restez calme, ne menacez pas le chien et continuez tranquillement à contourner les moutons. Il reconnaîtra en vous un humain et repartira vers son troupeau.

Réglementations du Parc national

PARC NATIONAL DU MERCANTOUR

ESPACE NATUREL RÉGLEMENTÉ

Réglementations

La mission du Parc national est de protéger cet exceptionnel territoire, tant au niveau naturel que culturel. Il est géré par un établissement public. La zone centrale, où la mission de protection de la nature reste prioritaire, est réservée à la conservation des sites et paysages, au maintien de sa diversité biologique et à son enrichissement. La zone périphérique, où sont situés les villages, est réservée aux fonctions d'accueil, d'information, de sensibilisation, de mise à disposition et de transmission au public et aux générations futures de ce patrimoine naturel hors du commun. Les maisons du parc proposent des publications, expositions, conférences et organisent des visites guidées.

Réglementation du Parc national

Pas de camping, bivouac réglementé. Pas de feu, pas d'armes, ni munitions. Pas de chien. Pas de bruit, ni dérangement, ni graffiti. Pas de cueillette, ni prélèvement. Pas de déchets, ni pollution des rivières. Pas de véhicules en dehors des voies autorisées. Pas de VTT. Pas de survol, ni parapente. Pas de canyoning.

Réglementation spécifique aux secteurs des Merveilles et de Fontanalba

Défense de marcher et de toucher aux gravures, défense d'utiliser des bâtons ferrés et défense de quitter les sentiers balisés sans accompagnateurs. Pour accéder aux secteurs protégés situés en dehors des sentiers balisés, les visiteurs doivent être encadrés par des guides accompagnateurs agréés par le parc national et la ville de Tende.

La protection par la loi (et le bon sens !) d'un grand nombre d'espèces végétales et notamment de fleurs s'impose pour maintenir une bonne diversité génétique, assurer la pérennité d'espèces qui se reproduisent très difficilement dans ces milieux hostiles, espèces d'autant plus menacées qu'elles sont endémiques. Une réglementation a donc été instituée qui vise à classifier les espèces protégées sur le plan départemental, régional, national ou même européen (arrêtés du 20/01/1982 et du 31/08/1995).

ADRESSES, INFORMATIONS PRATIQUES

PARC NATIONAL DU MERCANTOUR
26, rue d'Italie ~ BP 1316
06006 Nice cedex 1
04 93 16 78 88
Site : www.mercantour.eu
E-mail : mercantour@wanadoo.fr

MAISONS DU PARC
Ubaye :
Barcelonnette
04 92 81 21 31
mercantour.ubaye@mercantour-parcnational.fr

Haute-Tinée :
Saint-Étienne-de-Tinée
04 93 02 42 27
mercantour.hautetinée@mercantour-parcnational.fr

Haut-Var-Cians :
Valberg
04 93 02 58 23
varcians@mercantour-parcnational.fr

Roya-Bévéra :
Tende
04 93 04 73 71
mercantour.royabevera@mercantour-parcnational.fr

Vésubie :
Saint-Martin-Vésubie
04 93 03 23 15
mercantour.hautevesubie@mercantour-parcnational.fr

Haut-Verdon :
verdon@mercantour-parcnational.fr

BROCHURES TOURISTIQUES ÉDITÉES PAR LE PARC
Disponibles dans les maisons du parc ou téléchargeables sur le site : www.mercantour.eu

SITE INTERACTIF DE RANDONNÉES PÉDESTRES
Proposition de cinquante-quatre itinéraires de randonnées sur une carte interactive des deux parcs nationaux du Mercantour et de l'Alpi Marittime :
www.mercantouralpimarittime.com

GUIDES RANDOXYGÈNE DU CONSEIL GÉNÉRAL DES ALPES-MARITIMES
Moyen pays, Haut pays, Raquette à neige, etc. : disponibles dans les maisons du parc et les offices de tourisme

BIBLIOGRAPHIE
Ouvrages édités par le Parc national
. *Atlas du Parc national du Mercantour*, 2002
. *Faune du Mercantour*, 2001
. *Fleurs du Mercantour*, 1992
Autres ouvrages
. *Grand guide de la flore des Alpes*, Thierry Ménard, Éditions Sud-Ouest, 2007
. *Guide Rando Mercantour*, Patrick Mérienne, Rando Éditions, 2006
. *Les Sentiers d'Émilie dans le Mercantour*, Patrick Mérienne, Rando Éditions, 2006
. *Guide Label Rando dans les Alpes-Maritimes*, Patrick Mérienne, Rando Éditions, 2008

MÉTÉO
08 92 68 02 06 (Alpes-Maritimes)
et 08 92 68 02 04 (Alpes-de-Haute-Provence)
www.meteo.fr/montagne

REMERCIEMENTS

Je remercie particulièrement Emmanuel Gasteau du service communication au Parc national du Mercantour pour son aide documentaire et l'utilisation d'une série de photos de la faune sauvage prises par le personnel du Parc.
Merci également aux agents et gardiens du Parc pour leur accueil, leur disponibilité et leurs efforts de pédagogie et d'information.